agentes de cambio:

Veinticinco lecciones en el arte de lograr que se hagan las cosas

steve chalke

La misión de Editorial Vida es ser la compañía líder en comunicación cristiana que satisfaga las necesidades de las personas, con recursos cuyo contenido glorifique a Jesucristo y promueva principios bíblicos.

AGENTES DE CAMBIO
Edición en español publicada por
Editorial Vida – 2010
Miami, Florida

Originally published in English under the title:
Change Agents
Copyright © 2007 by Steve Chalke
Published by permission of Zondervan, Grand Rapids, Michigan,49530

Traducción: *David Fuchs*
Edición: *Madeline Díaz*
Adaptación de interior: *Eugenia Chinchilla*
Adaptación de cubierta: *Good Idea Productions*

ISBN: 978-0-8297-5578-7

CATEGORÍA: Iglesia cristiana / General

IMPRESO EN ESTADOS UNIDOS DE AMÉRICA
PRINTED IN THE UNITED STATES OF AMERICA

10 11 12 13 ❖ 6 5 4 3 2 1

contenido

Selección VidaLíder

El propósito de la *Selección VidaLíder* es proveer a los líderes en todos los ámbitos, un pensamiento de vanguardia y el consejo práctico que necesitan para alcanzar un nivel más en sus destrezas de liderazgo.

Los libros de esta Selección reflejan la sabiduría y experiencia de líderes de trayectoria que ofrecen grandes conceptos en un tamaño práctico. Ya sea que leamos este libro por nuestra propia cuenta, o junto a un grupo de colegas, la *Selección VidaLíder* brindará una introspectiva crítica de los desafíos del liderazgo actual.

Agradecimientos

Infinitas gracias a todos los maravillosos amigos de Oasis, Faithworks y Church.co.uk; ustedes me han permitido escribir con franqueza sobre los gozos y las luchas de nuestra vida juntos, y estoy en deuda con todos. Un agradecimiento especial a Anthony Watkis, Ro Leech, Judith Doel, Steve Parker, Dan Noloth, Dave Parr y Simon Chorley; todos ustedes han contribuido más allá de lo que llama el deber con la producción de este libro. También quisiera agradecer a John Buckeridge y Andy Peck, de la revista *Christianity,* que me dieron en un principio la oportunidad de escribir este material y constantemente me han motivado a seguir adelante, mis respetos.

Introducción

Bill Bryson, en su libro *A Short History of Nearly Everything* [Una historia corta de casi todo], cita al físico Leo Szilard, quien en una ocasión le dijo a su amigo Hans Bethe que estaba pensando en llevar un diario.

—No tengo la intención de publicarlo, solo lo hago para registrar los hechos con el fin de informarle a Dios.

—¿No crees que Dios conoce los hechos? —le preguntó Bethe

—Sí —contestó Szilard—, él conoce los hechos, pero no conoce esta versión específica de ellos.

Ser un «agente de cambio», un pionero, un emprendedor, un innovador, un líder dentro de cualquier organización caritativa, un voluntario de un sector, iglesia o proyecto con iniciativas, es una tarea exigente; lo sé. Desde que fundé Oasis Trust en 1985, lo he nutrido y cuidado a lo largo de los incontables altibajos, desafíos y crisis: desde su infancia cuando yo solo era un miembro del personal; en su niñez mientras un grupo pequeño comenzó a crecer a mi alrededor; durante su adolescencia cuando nos diversificamos tanto en términos de geografía, ámbitos de trabajo e influencia; y ahora que despunta hacia la madurez, trabajando con un creciente número de países alrededor del mundo que ofrecen viviendas, cuidados de salud, educación, entrenamiento y empleos en algunas de las comunidades más pobres del Reino Unido y alrededor del mundo. En este proceso, no solo *la organización* desarrolló y maduró (aunque debo admitirlo, a veces de un modo muy lento y en ocasiones con mucho dolor), sino que yo también lo he hecho.

> Solo lo hago para registrar los hechos con el fin de informarle a Dios.
> – Leo Szilard

La gente siempre me dijo que debería llevar un diario de los altibajos, los peligros y placeres, los gozos y tristezas de esta jornada. No lo he hecho, y siempre me he arrepentido por ello. Así que en el año 2003, cuando como parte de mi rol dentro de Oasis me convertí en ministro de una antigua y conflictiva iglesia en el centro de Londres llamada Christ Church & Upton Chapel, decidí no cometer la misma equivocación e hice el compromiso de mantener un diario de mis experiencias, tanto buenas como malas. Se suponía que debía ser la clase de registro llevado desde la línea de vanguardia: un relato abierto, honesto, de primera mano, apasionado y crudo de los gozos y frustraciones del liderazgo de la iglesia y las lecciones que aprendí, reaprendí o no aprendí, dependiendo del caso. He usado este diario como el material en bruto del cual provienen las veinticinco lecciones sobre el liderazgo que este libro contiene.

Convertirse en el líder/ministro/pionero de una moribunda iglesia del centro de la ciudad es en realidad algo muy exigente. En los primeros dieciocho meses, más o menos, estoy seguro de que envejecí diez años, una apreciación que mi barbero sin darse cuenta confirmó cuando de manera inocente me preguntó si me gustaría «teñirme ligeramente con un color más juvenil». Él me aseguró que, dado que había encanecido tan rápidamente, podía «con facilidad librarme de ese cabello gris sin preocupaciones». Sin embargo, ese es exactamente el problema. Hubo muchos y muy largos meses y semanas —en especial durante los primeros años, como podrás detectar en algunos de mis apuntes iniciales— en los que me sentí como si fuera a ahogarme en un mar de preocupaciones. No quiero parecer demasiado negativo. Los momentos cumbre han sido extremadamente altos, solo que algunos de los bajos han sido bajo cero. En un instante estás arriba y en el siguiente estás abrumado por una paralizante marea de críticas y, lo que es peor, de dudas impuestas por ti mismo. He experimentado grandes avances y triunfos, pero también he tenido que sortear las tormentas de la oposición y los reveses. En un momento me encuentro celebrando, al siguiente estoy tambaleándome por los fiascos y decepciones. Es como subir a una montaña rusa. Una vez escuché a alguien decir: «Ser padre es en parte un gozo y en parte una guerra de guerrillas», un dicho que se aplica tanto a las organizaciones caritativas como al liderazgo de las iglesias.

¿Qué es lo que estamos tratando de lograr en Church.co.uk? Nuestro objetivo es simple: Edificar un ambiente caracterizado por la idea de que «podemos hacerlo» en el cual desarrollemos un modelo de iglesia que demuestre de forma tangible el amor de Dios, proveyendo un cuidado que envuelva a las personas trescientos sesenta grados, lo cual, y nada menos, puede en verdad ser conocido como el evangelio de Jesucristo. Tenemos el propósito de estar disponibles veinticuatro horas al día para ofrecer un cuidado completo a nuestra comunidad local. Puede sonar extraño, pero aspiramos a convertirnos en una clase de cristiano moderno, equivalente al de una sinagoga del primer siglo.

Los primeros cristianos heredaron su modelo de iglesia de las raíces judías, y por lo tanto de la comprensión que ellos tenían del rol de una sinagoga local. En realidad, sería mejor denominar a las primeras iglesias, como la de Jerusalén, sinagogas mesiánicas. Los discípulos simplemente creían que Jesús el Mesías había venido y ellos lo adoraban dentro de su cultura tradicional. Tenemos la inclinación a pensar que las sinagogas de la época del Nuevo Testamento son el equivalente judío de nuestras iglesias modernas, edificios en los cuales reunirse durante el sabbat para recibir tu dosis semanal de «la palabra y la adoración» y tal vez un estudio bíblico a mitad de semana. Sin embargo, la verdad es que, aunque las sinagogas sí llevaban a cabo servicios en el día del sabbat, su función era mucho más amplia y central con relación a toda la vida judía. Las sinagogas no eran únicamente el lugar para cantar, escuchar sermones, orar y realizar lecturas bíblicas; también servían como centros de entretenimiento, centros escolares y de aprendizaje para toda la vida, centros de asistencia, médicos, sociales y como salón de la ciudad. En pocas palabras, la sinagoga era como el eje comunitario, proveyendo bienestar (o como los judíos de la antigüedad lo habrían llamado, «shalom», la totalidad de la presencia de Dios) y satisfaciendo las necesidades físicas, emocionales, educativas, sociales y espirituales de toda la comunidad.

Aspiramos a convertirnos en una clase de cristiano moderno, equivalente al de una sinagoga del primer siglo.

Dado que provee el contexto en el cual las lecciones sobre el liderazgo y la administración de cambio que este libro contiene han sido escritas, resulta esencial darte una breve reseña de la historia de Church.co.uk.

Christ Church & Upton Chapel (la cual, como descubrirás a lo largo de este libro, llegó a ser conocida como Church.co.uk en la primavera del año 2005) tiene en realidad un sobresaliente pasado. El 8 de junio de 1783, la iglesia comenzó su vida bajo el liderazgo de Roland Hill, un amigo cercano de George Whitfield y una figura muy conocida en Londres. En esta época, era conocida como Surrey Chapel (¡no preguntes!). Durante los años siguientes, llegó a ser de gran influencia en el nacimiento de la Sociedad Bíblica, el Movimiento Ragged School y otras muy importantes iniciativas cristianas. Las Ragged Schools fueron establecidas mucho antes de cualquier sistema educativo formal del estado. Antes del Acta de Educación Elemental de 1870, la iglesia del Reino Unido era la única proveedora de educación. Así que Surrey Chapel fue responsable de desarrollar alrededor de una docena de escuelas.

Hacia finales de ese siglo y primeros años del siguiente, William Wilberforce y algunos amigos hicieron de Surrey Chapel una base en el centro de Londres. Muchas de sus reuniones y debates antiesclavistas se llevaron a cabo en esta iglesia, ya que la misma se convirtió en una comunidad con una visión espiritual y un compromiso político para incontables personas. Su nuevo edificio, conocido como Christ Church, fue abierto en julio de 1876 en la calle Westminster Bridge, en el corazón de Londres. La torre fue donada por la familia y los amigos de Abraham Lincoln en agradecimiento a la iglesia por su inspiración y apoyo en la batalla por la emancipación de los esclavos en los Estados Unidos.

Para 1900, Christ Church tenía una congregación regular los domingos por la mañana de alrededor de dos mil quinientas personas. La iglesia recibió el apodo de «La Catedral de los Protestantes», y esos fueron los días de su mayor y más amplia influencia. Por ejemplo, la iglesia estableció una liga de fútbol completa (en realidad, como es bien conocido, muchos de los clubes de primera división de la Inglaterra actual nacieron gracias al trabajo de las iglesias locales). Uno de sus miembros y líderes de muchos años, George Williams, se convirtió en el fundador de YMCA (Asociación Cristiana de Jóvenes). La Christ Church también desarrolló un sinnúmero de refugios para proveer viviendas para los pobres y los ancianos, y funcionó como una importante proveedora de servicios de salud para ellos. A partir de los registros oficiales de 1900 sabemos que el personal médico de la iglesia llevó a cabo once operaciones mayores, veinticuatro operaciones menores, y asistieron en el alumbramiento de cincuenta y seis bebés solo en aquel año.

No obstante, momentos conflictivos se avecinaban. De modo trágico, durante el bombardeo alemán a Gran Bretaña al inicio de la Segunda Guerra Mundial, el 10 de septiembre de 1940, el edificio de la Christ Church fue prácticamente destruido en su totalidad por una bomba alemana. Solo la torre de Lincoln sobrevivió. A los pocos días, la Upton Chapel, un edificio cercano de la iglesia bautista (la Christ Church siempre había sido independiente de cualquier denominación), también fue bombardeado. Como resultado, las dos congregaciones comenzaron a trabajar juntas. En 1943, tomaron la decisión de formar una comunidad unida: la Christ Church & Upton Chapel.

Al mismo tiempo, la política social británica estaba cambiando. Muchos de los roles que la iglesia del Reino Unido de forma tradicional había tenido bajo su responsabilidad —la educación, los servicios de salud, el cuidado de los ancianos— fueron asumidos por el estado cada vez más. En 1948 nació el Servicio Nacional de Salud (NHS, por sus siglas en inglés). La idea era revolucionaria: ofrecer cuidados de salud gratis y accesibles para todos. En realidad, la Organización Mundial de la Salud todavía reconoce al NHS como uno de los mejores servicios de salud en el mundo. La provisión por parte del estado de servicios de salud, al igual que de educación algunos años antes, hizo mucho para reducir la desigualdad y elevar el estándar general de vida en el Reino Unido. Sin embargo, la iglesia se encontró separada del importante rol que había jugado dentro de la sociedad durante generaciones. Esto sencillamente aceleró y exacerbó una ya aparente tendencia: el gran movimiento puertas adentro.

En lugar de llevar a cabo innovaciones, la respuesta de la iglesia fue retirarse. En vez de tener una participación audaz en la sociedad que durante generaciones previas habían generado Wilberforce, Shaftbury, los Booths y Florence Nightingale, la iglesia eligió sentarse a repasar sus doctrinas y pasar el tiempo cantando sus canciones para sí misma. El nivel de debate fue reducido a cosas tales como la redecoración de la cocina y el color de las tazas.

Fue así que el domingo de Pentecostés, el 8 de junio de 2003, exactamente doscientos veinte años después de que Surrey Chapel fuera fundada, Christ Church & Upton Chapel le pidió a Oasis Trust que trabajara con ella. Yo me encontré siendo ministro de una iglesia que no era más que la sombra de lo que había sido. No se trataba solo de que el número de miembros hubiera disminuido de dos mil que eran a principios de 1900 a menos de veinte, sino que incluso el recuerdo del enfoque en el servicio médico, el servicio educativo y los equipos deportivos, que en alguna ocasión constituyeran el cimiento de la iglesia como parte del cuidado integral que envolviera a las personas trescientos sesenta grados, había sido olvidado. En realidad, en mi primer día como ministro se me entregó una copia de la lista de los miembros y descubrí que, de los pocos nombres que ahí permanecían, un importante porcentaje no tenía en lo absoluto conexión con la iglesia. Una gran institución de la vida de Londres había llegado a convertirse en un pequeño puñado de gente, reuniéndose durante una hora cada semana en un edificio gigante. Y estando

La iglesia eligió sentarse a repasar sus doctrinas y pasar el tiempo cantando sus canciones para sí misma.

tanto en extremo emocionado como profundamente preocupado, yo era responsable de su futuro, ya fuera este su hora final o su renovación por medio del descubrimiento de una visión centrada en Cristo para el siglo veintiuno.

Era tiempo de reimaginar no solo la forma de la iglesia, sino el alcance de su misión y propósito. Creo que visualizando este desafío las iglesias locales podrían una vez más convertirse en los ejes de sus comunidades. Incluso por parte del gobierno existe una nueva tendencia. Esto se debe a que si bien la iglesia resultó superflua cuando el estado asumió una mayor responsabilidad por la provisión de bienestar, el gobierno cada vez más se ha visto presionado al máximo y con recursos limitados. La pérdida del apoyo voluntario en una escala masiva ha tenido con el tiempo un impacto devastador en la vida de nuestras comunidades locales y la sociedad como un todo. Como resultado, el pensamiento político actual está haciendo todo lo posible por estimular y motivar lo que se conoce como el «sector voluntario» (¡eso somos nosotros!) para que se vuelva a comprometer trabajando en sociedad junto a las agencias estatales (proveedores de cuidados de salud, educación, servicios para jóvenes, policía, servicios sociales, entre otras) a fin de lograr el

> No hay transformación externa sin una transformación interna.

cambio y construir comunidades saludables. Además de todo esto, también hay una creciente inclinación a comprender que la salud espiritual es un ingrediente vital para el bienestar total de las personas. Al final, no puedes lograr un cambio en la comunidad sin un cambio en el individuo. No hay transformación externa sin una transformación interna.

Creo firmemente que necesitamos una nueva generación de Nightingales y Wilberforces que redefinan el servicio cristiano en el siglo veintiuno. Necesitamos hombres y mujeres que, gracias a su compromiso con Cristo, no puedan evitar ayudar a la gente; una nueva cosecha de emprendedores sociales que emplearán las destrezas de los negocios e invertirán de forma activa en la edificación del reino de Dios; un nuevo ejército que esté preparado para luchar con la necesidad, cualquiera sea su forma y dondequiera que se encuentre, en el nombre de Cristo; un nuevo liderazgo que en lugar de estar satisfecho con narrar cuentos de un impresionante pasado, busque forjar un futuro innovador. Yo le llamo a esta gente «agentes de cambio» y este libro es para ellos. Espero que el mismo sea para ti.

Necesitamos una nueva generación de Nightingales y Wilberforces que redefinan el servicio cristiano en el siglo veintiuno ... Yo le llamo a esta gente «agentes de cambio».

Un último punto en la introducción: Con el fin de proteger a las maravillosas personas con las que trabajo y a las cuales adoro, los nombres han sido cambiados y en ocasiones los individuos, sucesos y circunstancias han sido fusionados para crear las historias que narro. Es decir, mi promesa es que todo lo que leerás en *Agentes de cambio* es absolutamente cierto, pero no todo sucedió justo de la forma que se presenta aquí.

Los demás solo ven tus experiencias en la cumbre

lección 1

Tim es un amigo mío que lidera una iglesia al otro lado de Londres. Ayer por la mañana vino a reunirse conmigo en nuestra cafetería: El Eje. Charlamos mientras tomábamos una taza de café sobre la vida, nuestras familias y la iglesia. Él me preguntó cómo fue que establecimos El Eje (que se parece a «Starbucks» por su estilo), así que le expliqué. Estaba a punto de ofrecerle otra bebida cuando de repente farfulló en un tono más bien agresivo: «Es fácil para ti; lo tienes todo servido. Tú naciste...» Conocía la forma en que él deseaba terminar esta corta oración: «Tú naciste... con suerte». El dilema era que al ser tanto un cristiano convencido como un calvinista afiliado, él tenía un problema. En su mundo las únicas palabras legítimas con las cuales hubiera podido concluir su oración eran: «elegido», «escogido» o «ungido»... ¡y él no quería llegar hasta allá! Cualquiera fueran los dilemas del arrebato de Tim provocados por su teología, hicieron maravillas en cuanto a la franqueza de nuestra conversación. Al hablar, me di cuenta de que debido a la vulnerabilidad y el dolor de su propia situación, Tim había llegado a resentirse no solo conmigo, sin con el éxito que gozara cualquier otro líder. Es probable que Jesús nos haya enseñado: «Lloren con los que lloran, alégrense con los que están alegres», pero la lucha de Tim le había llevado a desarrollar una aptitud de llanto y crujir de dientes ante el éxito de otros, a la vez que en secreto se regocijaba por sus fracasos y deficiencias.

> «Es fácil para ti … Tú naciste con suerte».
> – Tim

Veinticuatro horas más tarde de mi encuentro con Tim, todavía estaba reflexionando en lo que me dijo. ¿Acaso él piensa sinceramente que mi vida es de alguna forma más fácil y llevadera que la suya? ¿Acaso cree que yo no experimento los días, semanas, meses e incluso años malos en los cuales, al igual que todo el mundo, tengo que agachar la cabeza y continuar con la lucha?

Sin embargo, para ser franco por completo, lo más inquietante de toda mi conversación con Tim fue que pude ver mucho de mí en él. ¿Qué hace que yo asuma con tanta facilidad que para la otra persona las cosas han sido más fáciles que para mí? Que piense que si alguien más ha hecho algún progreso o alcanzado un objetivo, debe ser por pura chiripa, un error, o porque las cartas de alguna forma fueron repartidas injustamente a su favor.

Me doy cuenta, como un sabio amigo me dijo hace algunos años, de que «los demás solo ven tus experiencias en la cumbre». Ellos no son testigos de las horas que pasas acostado y despierto, desesperado por conciliar el sueño, tratando de planificar un camino para salir de lo que consideras «el valle de sombra de muerte». Ellos no saben cuán a menudo piensas en rendirte ante todo.

Abrimos la cafetería El Eje en el vestíbulo del edificio de la iglesia como parte de los esfuerzos por cumplir uno de nuestros objetivos: convertirnos en un «eje» para la comunidad local veinticuatro horas al día, los siete días de la semana. El problema es que Tim solo vio una cafetería bonita con cómodos asientos y un ambiente acogedor, y no los meses de insociables horas y constantes y frustrantes reveses que se necesitaron para ponerla en funcionamiento. Tim ve los cafés servidos en tazas a la moda, no los debates controvertidos sobre por qué la iglesia debería «tener una cafetería en lugar de predicar el evangelio», la subsiguiente batalla por conseguir los fondos, la lucha por obtener la licencia del gobierno local, la perpetua pregunta de por qué la oración es en ocasiones respondida y a veces parece ser no escuchada por completo. Él no sintió el dolor de las conversaciones y negociaciones que agotan la paciencia de cualquiera y que engulleron mi vida noche tras noche, cuando todo lo que en realidad deseaba era irme a casa.

Hablar con Tim me recordó una conversación que había sostenido con una miembro de nuestra congregación original en la cafetería. Le pregunté si a ella le gustaba el hecho de que el edificio de la iglesia estuviera abierto durante más tiempo (¡un año atrás solo abríamos una hora a la semana!). Ella sorbió su capuchino y no contestó de manera inmediata. Luego me informó que estaba descontenta porque «no hacemos emparedados». Este fue el momento preciso en el cual, si yo por pura coincidencia hubiera tenido un emparedado a la mano, se lo hubiera engullido por la garganta. ¿Por qué la gente no puede celebrar el progreso que se ha hecho? ¿Por qué no reconocen cuánto esfuerzo se requiere incluso para el más pequeño logro? ¡En estos últimos meses estoy aprendiendo de nuevo cuán difícil es permanecer quieto, y ni hablar de hacer algún progreso!

Los demás, que ven las cosas desde fuera, siempre verán mi así llamado éxito desde un punto de vista superficial y ventajoso. Lo que nunca verán son los cientos de ideas fallidas y sueños abandonados que han consumido tanto o más de mi tiempo y energía (física, espiritual y emocional).

¡Estoy aprendiendo de nuevo cuán difícil es permanecer quieto, y ni hablar de hacer algún progreso!

Al mirar atrás, no culpo a Tim por pensar que mi vida es fácil, él solo ve mis experiencias en la cumbre. ¿Cómo podría sospechar que cada una de ellas es el resultado de una larga y difícil ascensión desde un valle muy profundo y que solo se disfruta por un momento o dos antes de que el siguiente descenso comience?

Sin embargo, supongo que me gustaría que él sepa, por su propio bien, que la mayor parte de mi vida, al igual que la suya, está llena de luchas en un terreno agreste, cuesta arriba y hostil, y que a menudo uno realiza el ascenso solo. Cambiando la metáfora por un momento, el liderazgo de la iglesia tiene, como se dice de la música de Wagner, ¡algunos maravillosos momentos, pero también algunas muy largas medias horas!» O volviendo a donde empezamos: los demás solo ven tus experiencias en la cumbre.

Responde, no reacciones

lección 2

Se dice que cuando llegas a una iglesia como nuevo ministro, experimentas un «período de luna de miel», la calma antes de la tormenta. Mi período de luna de miel está, y tengo que admitirlo con tristeza, completa y absolutamente acabado. En realidad, si soy honesto, terminó casi antes de empezar. Resultó ser no más largo que mi verdadera luna de miel: dos semanas. En una de las reuniones de nuestra iglesia, un miembro se paró y señaló que yo en realidad no mostraba señales de ser un líder, preguntándome si tenía alguna clase de certificado que probara mis credenciales.

Si como mi esposa sugiere en ocasiones estoy casado con la iglesia, ahora me encuentro en el equivalente doméstico de tratar de lidiar con los berrinches infantiles y las frecuentes lanzadas de comida. Al mirar atrás, pienso que en verdad debí haberlo visto venir. En mi servicio de inducción/nombramiento me entregaron las llaves de la puerta de la iglesia. Fue un acto simbólico y ceremonial, pero también resultó ser profético. Al siguiente día, cuando fui a usarlas por primera vez, me lastimé el dedo con una pieza de metal que estaba pegada a la puerta. Ha pasado un año y medio de ello y todavía tengo la cicatriz.

Nuestra iglesia, al ser una amalgama de dos congregaciones, está afiliada tanto a la denominación bautista como a la reformada unida. Como parte de este arreglo, habíamos heredado lo que se llama «la rica tradición de la reunión eclesial». Bajo este sistema honrado por el tiempo, los líderes de una congregación local tienen la oportunidad de presentarle al resto de la comunidad eclesial las ideas, planes y estrategias sobre los cuales hayan pensado, orado, agonizado, presupuestado y debatido, solo para que sean ridiculizados, condenados y rechazados. Por desdicha, según mi experiencia, mucha de la gente habitualmente amorosa de las iglesias en las que he trabajado en los últimos veinticinco años experimenta alguna clase de transformación al estilo hombre lobo en su naturaleza cuando entran a estas reuniones de iglesia. Aunque en la vida real son personas maravillosas, generosas y responsables, aquí son transformadas. Al instante se vuelven hipercríticas, argumentativas, obstinadas y a menudo ilógicas, mientras proceden a metafóricamente «golpear sus rejas del arado hasta convertirlas en espadas» para

> Debo confesar que encuentro que las reuniones de la iglesia representan algunas de las horas más oscuras de mi vida.

luego blandirlas unos contra otros. Debo confesar que encuentro que las reuniones de la iglesia representan algunas de las horas más oscuras de mi vida, y estoy bastante seguro de que no estoy solo en esto. Sin embargo, luego recuerdo las palabras de Churchill: «La democracia es la peor forma de gobierno... ¡excepto para todos los demás!»

No quiero sonar en lo absoluto negativo con relación a la vida de nuestra iglesia. Estos últimos años han sido los más emocionantes que puedo recordar. Formamos un buen equipo, nos divertimos, nos hemos multiplicado por cinco y hemos empezado algunos proyectos comunitarios genuinamente innovadores. No obstante, dicho esto, también ha sido un tiempo estresante, lleno de preocupación y ansiedad. He estado bajo una presión masiva y sé que otras personas han sufrido como resultado de esto. Mis comentarios y observaciones en las reuniones de la iglesia no siempre han mostrado la paciencia y la comprensión que la gente necesita y merece. El cambio es esencial, pero a menudo duele. Mi conversación y mi actitud (para no mencionar mi diario) luego de las reuniones han sido en ocasiones gruñonas y nerviosas, y a veces bastante rudas. Y sé que han existido momentos en los que he estado tan preocupado de que la gente fuera a criticarme, que he terminado reaccionando mal y asestando un «golpe sorpresivo», en lugar de escuchar con la mente abierta lo que tienen que decir.

Hace poco leí un libro sobre los estilos de administración que sugería que la «fuerza del ego» es una clave para edificar relaciones saludables. Este es un término extraño y no estoy seguro de que me guste, pero no he podido quitarme la idea de la cabeza desde entonces. Se necesita una gran cantidad de fortaleza personal para escuchar a otras personas (que a menudo no entienden o malinterpretan tus ideas o lo que tienes que decir) sin tratar constantemente de saltar y defenderte. Recuerdo a uno de mis mentores que años atrás me enseñaba a «dejar a los otros ir primero»... a tener la fortaleza de carácter para escuchar y reflexionar, sabiendo que mi momento de hablar llegará y no debo forzarlo. Tener la confianza para esperar en lugar de enfrascarte en una pelea con metralletas, y luego hablar con amabilidad, es una señal de gran madurez. Ambrose Bierce lo resumió cuando escribió: «Habla cuando estés molesto y pronunciarás el mejor discurso del que te arrepentirás por siempre». ¡Yo he hecho eso unas cuantas veces!

> «Habla cuando estés molesto y pronunciarás el mejor discurso del que te arrepentirás por siempre».
> – Ambrose Bierce

De ahora en adelante, estoy determinado a hacer todo lo que pueda para responder en lugar de reaccionar, lo cual probablemente significa entre otras cosas sentarme en la siguiente reunión de nuestra iglesia con una actitud un poco más amable.

No puedes ser el mejor amigo de todos

lección 3

He aquí un secreto: no me gusta que no le guste a la gente. Deseo que la gente piense que soy un buen sujeto. Cuando no lo hacen, eso duele. Para ser sincero, pienso que aunque mi piel fuera tan gruesa como la del rinoceronte, aun así no sería capaz de soportar ileso algunos de los comentarios negativos que he recibido. No creo en los expertos que dicen que necesitas diez comentarios positivos para cancelar cada comentario negativo. ¡Pienso que deben ser por lo menos cincuenta!

Esta era una de esas semanas. Un domingo por la mañana fui atacado por la forma en que conduje la Santa Cena: «No fue como suele ser y no nos gusta así», me dijeron de forma enérgica. Luego me criticaron debido a la gente que fuma fuera del servicio en las escaleras de la iglesia: «Las personas no solían hacer cosas como estas. Eso envía mensajes equivocados». Mi respuesta secreta entre dientes fue que debido a la forma en que el servicio de la Santa Cena se realizaba, nadie jamás solía pararse en las escaleras de la iglesia a hacer absolutamente nada.

Fue cuando trabajaba como ministro a principios de los ochenta en la Iglesia Bautista Tonbridge en Kent que me encontré por primera vez hundido en un mar de dudas como resultado de la imposible lucha por cumplir las expectativas que la gente tenía de mí. En medio de todo esto, un buen amigo mío me dijo que uno de mis problemas más grandes era que yo siempre quería caerles bien a todos. «¡Supéralo!», me dijo. «Escucha lo que te digo, si no lo haces nunca lograrás nada». Una semana después, él continuó con este sensato comentario enviándome una tarjeta. La leyenda decía: «Si no te gusta el calor, sal de la cocina». No era exactamente la clase de motivación que estaba esperando, pero su consejo era certero y aún lo es hasta la fecha. El liderazgo consiste en tomar la iniciativa y hacer decisiones, lo cual implica tensión e incluso conflictos, es inevitable.

El liderazgo consiste en tomar la iniciativa y hacer decisiones, lo cual implica tensión e incluso conflictos, es inevitable.

Hablando de tarjetas, otra me viene a la mente, una que solía tener colocada en el refrigerador. La misma muestra un dibujo de Moisés saliendo del Mar Rojo. Detrás de él, aparece un pequeño grupo de israelitas buscando llegar a la orilla que se perfilaba a la distancia a través de toda esta agua milagrosamente elevada en dos paredes gigantes a cada lado de un sendero encharcado. El único recuadro de diálogo sale de a boca de un reacio israelita que se queja con Moisés: «¡Nunca dijiste que iba a estar tan enlodado!»

Ese es uno de los grandes desafíos del liderazgo. Nunca puedes guiar a nadie a ninguna parte, a menos que estés preparado para hacer decisiones que te vuelvan poco popular con algunas personas por algún tiempo (por no mencionar a los pocos que te verán así todo el tiempo). Es probable que Jesús haya afirmado: «La verdad los hará libres» (Juan 8:32), pero él nunca sugirió que no dolería primero.

No podía quitarme de la cabeza esos comentarios sobre la Santa Cena y el hecho de fumar en las escaleras de la iglesia. Me encontré repasándolos de modo interminable una y otra vez. Entonces recordé una conversación que tuve hace un año más o menos con una amiga mía que es miembro del Parlamento. Ella estaba hablando de cuán a menudo los miembros de su distrito electoral se quejan y dicen: «Tú simplemente no nos escuchas». Mi amiga dejó en claro que, en realidad, un miembro del Parlamento escucha a mucha más gente que la mayoría de los demás. «La persona promedio», señaló, «probablemente tiene solo un pequeño círculo de amigos con los cuales consulta. La mayor parte de ellos comparte básicamente los mismos puntos de vista, actitudes y perspectivas, lo cual es la razón por la que en primera instancia son amigos. Por otro lado, el trabajo como miembro del Parlamento, como empleado público, implica pasar toda la vida escuchando a una amplia variedad de gente, a tantos como te sea posible». Luego añadió con una sonrisa: «Sin embargo, escuchar a alguien no es necesariamente la misma cosa que estar de acuerdo con él. Lo que la mayoría de la gente quiere decir cuando señala: "Tú no me escuchas", es en realidad: "No haces lo que te digo que hagas"». Y concluyó: «Sencillamente no puedes ser un empleado público y ser el mejor amigo de todos».

Yo siento lo mismo. Escucho a toneladas de gente que tiene un amplio espectro de opiniones sobre casi todo, desde cómo debo celebrar la Santa Cena, qué hace que un himno sea bueno, si se debe fumar en las escaleras de la iglesia, hasta el estado espiritual de las mujeres que llevan ropas que dejan ver su estómago. Eso es parte de mi trabajo. Por desdicha, cuando me detengo lo suficiente como para escuchar tantas opiniones, es imposible estar de acuerdo con todas ellas e inevitablemente seré criticado.

> «Sencillamente no puedes ser un empleado público y ser el mejor amigo de todos».

Así que, como consecuencia, esto fue lo que decidí: ¡Celebraremos la Santa Cena de una forma diferente! Y no nos sentiremos ofendidos cuando la gente fume en las escaleras de la iglesia; en realidad, estaremos contentos de que sean parte de nuestra comunidad. Y no lo haré porque no esté escuchando, sino porque estoy escuchando mucho y usando mi mejor juicio para tomar las decisiones más sabias que pueda. No obstante, sé que sin importar cuán buenas mis decisiones puedan ser porque *son* decisiones nunca seré el mejor amigo de todos.

Cada «sí» implica por lo menos un «no»

lección 4

Los expertos dicen que «los primeros quinientos años de la historia de cualquier institución son siempre los más difíciles» ¡Y tienen toda la razón!

Finalmente hemos tomado una decisión trascendental sobre lo que ha sido un tema controversial. Hemos cambiado el nombre de nuestra iglesia, aunque no es la primera vez en su historia. A lo largo de los años, ha sido conocida indistintamente como Surrey Chapel, Green Walk Chapel, Upton Chapel, Christ Church & Upton Chapel y más recientemente por la forma abreviada Christ Church & Upton. Sin embargo, desde el 26 de enero de 2005, nuestro nombre es oficialmente «Church.co.uk, Waterloo».

¿Por qué lo hicimos? Bueno, en primer lugar Christ Church & Upton Chapel son dos nombres, no uno. En segundo lugar, ninguno de los dos dice dónde estamos en realidad. De modo habitual, la gente llama por teléfono a nuestra oficina para preguntar sobre la Christ Church & Upton: «Simplemente no los puedo encontrar en un mapa. ¿Está Upton cercano a Streatham?»

Aunque los problemas creados por nuestro antiguo nombre han sido claros para todos, las discusiones sobre por cuál nombre cambiarlo o si cambiarlo en lo absoluto han resultado complejas, han llevado tiempo y se han distinguido por ser controversiales. No hubo respuestas fáciles, pero diagnosticar el problema es siempre más sencillo que encontrar una solución; o para decirlo de otro modo, formar parte de la oposición es bastante más sencillo que formar parte del gobierno.

Poniendo todo esto a un lado, acordamos formalmente que de ahora en adelante seremos la «Church.co.uk, Waterloo», un nombre que te permite saber dónde encontrarnos tanto en la Internet como en Londres, y estoy feliz por ello.

Diagnosticar el problema es siempre más sencillo que encontrar una solución.

Me siento como un hombre que acaba de caminar miles de kilómetros contra el viento y al final ha llegado a su destino. Un lugar para descansar y celebrar. Me gusta pensar que soy un pastor promedio, lo cual significa que mi inclinación natural es emplear una gran cantidad de energía y tiempo tratando de evitar la temible palabra que empieza con «c»: *conflicto.* Sin embargo, he vivido los últimos veinticinco años con una profunda e irresoluta tensión, porque también entiendo tres verdades: el liderazgo consiste en guiar a alguna parte; guiar involucra de modo inevitable tratar con el desacuerdo; y (la más incómoda de todas) no puedes decirle que sí a todo, porque casi todo «sí» implica por lo menos un «no», y es probable que más.

Si soy franco, mi mente todavía alberga un persistente temor de que podrían haber problemas más adelante: ¿Acaso cambiar el nombre de la iglesia provocaría un motín o algo así como un intento de golpe de estado? Debes saber que ya he escuchado todo argumento posible de ambas posiciones, así que pienso estar listo para cualquier cosa que venga más adelante.

«Church.co.uk no suena lo suficiente eclesiástico», se han quejado algunos. «Deberíamos llamarnos "Christ Church, Waterloo", "Waterloo Baptist Church", o quizás "Oasis Community Church". "Church.co.uk" es demasiado frívolo».

«Church.co.uk es demasiado eclesiástico», replican otros. «El nombre "Church" es un tremendo error. Deberíamos usar un término nuevo, algo más creativo como "Epifanía", "Cosecha" o simplemente "Centro Comunitario Waterloo". "Church.co.uk" es demasiado religioso».

«Church.co.uk es una dirección de la Internet, no un nombre para una comunidad, nunca pegará», han argumentado algunos. «Una dirección de la Internet puede ser una buena idea por ahora, pero no durará. Es demasiado inconsistente», advierten otros.

Yo sé que el liderazgo se refiere intrínsecamente al hecho de avanzar, a dejar atrás aquello que es familiar y dirigirse a lo desconocido; pero me he dado cuenta una vez más de cuán atemorizante resulta esto. En realidad, se trata de la instancia perfecta para incubar la inseguridad. ¿He tomado la decisión correcta? ¿Qué tal si estoy equivocado? Aunque la abrumadora mayoría de los miembros votaron por mi sugerencia, si el apoyo disminuye y las cosas no funcionan, es mi credibilidad la que está en juego.

Así que en medio de mi inseguridad, intento con desesperación recordar que a menos que los líderes estén guiando hacia alguna parte, se están engañando; que aunque tomar una decisión sobre seguir adelante es difícil, la peor decisión es no tomar ninguna; y que cuando los líderes son indecisos, tanto ellos como su gente tienen prácticamente garantizado el convertirse en víctimas del futuro en lugar de en arquitectos de él.

Leí una cita de Daniel Burnham: «No hagas planes pequeños; estos no mueven los corazones de los hombres». Bueno, nosotros hacemos nuestros planes y anunciamos nuestras intenciones. Solo el tiempo nos dirá si hemos tomado la dirección correcta.

«No hagas planes pequeños; estos no mueven los corazones de los hombres».
– Daniel Burnham

La gente importa más que los programas

lección 5

«Un voluntario», de acuerdo a un viejo proverbio inglés, «equivale a dos hombres obligados». Si eso es cierto, ¿por qué encuentro que guiar esta iglesia llena de voluntarios y tantos proyectos en Oasis que dependen de ellos es una tarea tan exigente y difícil? Si caminas por el edificio de Church.co.uk, descubrirás varias listas y hojas para anotarse, colocadas con todo cuidado en carteleras ubicadas de un modo estratégico. Las mismas le indican al observador casual un aire de calmada eficiencia. Sin embargo, esta impresionante fachada enmascara una verdad oculta: la aparición de cualquier nombre en cualquier lista (para dar la bienvenida, servir en la cafetería, la consola de sonido, etc.) es algo que está a menudo completamente desvinculado de lo que sucederá o no como resultado.

> «Un voluntario equivale a dos hombres obligados».
> – Proverbio inglés

«Déjamelo a mí...», «Confía en mí... yo lo resuelvo por ti...», «Descansa en mí... yo lo haré...» Aunque todos esos términos son de uso común, ninguno de ellos parece tener ninguna relación particular con lo que un voluntario va a hacer o no en realidad. Si soy franco, la mitad de las veces el problema es mío. He asistido a incontables seminarios y talleres sobre el manejo del personal. He leído un cargamento de libros relacionados con el tema. Y encima de todo, yo mismo he escrito uno llamado *Making a Team Work* [Formando un equipo que funcione]. ¡Qué gran ironía! Como se dice: los que pueden, lo hacen, los que no pueden, enseñan.

Recuerdo que en una ocasión, en medio de mi frustración por exactamente esta clase de asunto, llamé por teléfono a un amigo mío para descargar mi ira con alguien. Concluí la descortés perorata de cinco minutos que le infligí con lo que en ese momento era una sincera pieza de sabiduría: «¡Nunca jamás trabajes con animales, niños o voluntarios!» No obstante, su respuesta me dio mucho que pensar. Había estado esperando que así fuera, y supongo que esa fue la razón por la que lo llamé en primer lugar. Él me contó la historia de una pareja en su iglesia que ayudaba a dirigir el trabajo de los niños los domingos por la mañana. Ellos eran muy confiables y dedicados, pero cuando menos lo esperaba, comenzaron a no presentarse de manera ocasional. No hubo llamadas telefónicas, ninguna notificación... ¡simplemente desaparecieron! Primero sucedió una vez, y luego otra varias semanas después. Más tarde las compuertas se abrieron y tal cosa se convirtió en un hábito regular.

Le pregunté a mi amigo lo que hizo al respecto. Su respuesta fue que a la larga se sintió tan frustrado y enojado que se sentó a conversar con ellos. «Fue solo entonces», me dijo, «que me percaté de que el asunto tenía dos lados. El problema de ellos había sido que debieron haber cumplido su compromiso o de lo contrario tomar la iniciativa y sentarse conmigo a renegociarlo». Luego hizo su más aguda observación: «Sin embargo, me di cuenta de que *nosotros* los habíamos decepcionado mucho. No comprendimos la naturaleza del voluntariado, las presiones que tienen estas personas en otras áreas de su vida y el nivel de apoyo que necesitaban de nosotros para mantener su compromiso a lo largo de todo el recorrido».

Esa conversación me recordó algo que leí años atrás y que dijo Bill Hybels, el líder de iglesia estadounidense. Él dejó claro su punto de vista de que trabajar con voluntarios involucra la forma más pura de liderazgo en el mundo. La razón, señaló, es sencilla: los empleados a menudo soportarán un mal liderazgo, resistirán la falta de estímulo o lidiarán con una profunda insatisfacción debido al dinero. Una buena paga cubre una multitud de pecados. No obstante, para los voluntarios

> ¡Nunca jamás trabajes con animales, niños o voluntarios!

no existe tal incentivo monetario. Si su trabajo no es satisfactorio, ponen pies en polvorosa.

Trabajar con voluntarios puede ser exigente, pero a lo largo de la vida de Church.co.uk el número de horas y la cantidad de experiencia con la que ellos contribuyen todas y cada una de las semanas es enorme. ¡Y por supuesto, ellos *son* Church.co.uk! Estos voluntarios son personas maravillosas, talentosas y deseosas de servir, pero luchan al igual que yo para hacer malabarismos con todas las responsabilidades de la vida. Eso significa que se merecen límites claros y realistas, un apoyo constante, una buena comunicación y una motivación regular en su trabajo. Mi problema es que me vuelvo tan absorto con mi fascinación por establecer objetivos y medir los resultados, que olvido que el manejo de los proyectos no es lo mismo que el manejo del personal.

Al leer un pasaje del Evangelio de Juan, me di cuenta de que lo extraordinario con relación a Jesús es que él nunca presionó, forzó, obligó, golpeó, coaccionó, engatusó, maltrató o manipuló a la gente. Él nunca intimidó a los demás para someterlos; por el contrario, los inspiraba. Tal como John Donne, el poeta y predicador anglicano del siglo diecisiete lo expresara: «Cristo redobla su tambor, pero no presiona a los hombres; Cristo es servido por medio de voluntarios».

¡Él tenía razón! Yo sé que la técnica administrativa del regaño nunca funciona de cualquier forma; o dicho de otro modo, en las palabras de Walter Brueggemann: «Las personas [*los voluntarios*] no cambian por una exhortación moral, sino por una imaginación transformada».

> Jesús … nunca presionó, forzó, obligó, golpeó, coaccionó, engatusó, maltrató o manipuló a la gente … Por el contrario, los inspiraba.

La acción te lleva al entendimiento más a menudo de lo que el entendimiento te conduce a la acción

lección 6

Citando de una forma un poco errónea a Charles Dickens, «estos son los mejores tiempos, estos son los peores tiempos». Hace un par de meses, decidimos extender el horarios de apertura de El Eje, nuestra muy exitosa cafetería, abriendo hasta más tarde todos los miércoles por la noche. Visualizamos toneladas de personas relajándose al final del día, probando nuestros excelentes cafés y disfrutando de una animada conversación sobre la vida, el universo y todo lo demás. Los miércoles por la noche, se supondría que El Eje se convertiría en la última novedad para disfrutar de un refresco tanto espiritual como líquido. No obstante, sencillamente no funcionó. Las personas apenas se presentaban. La última semana, por fin tiramos la toalla y abandonamos la idea. Mantenernos abiertos hasta tarde en la noche no es para nosotros, por lo menos no todavía.

El fracaso del horario extendido de El Eje es solo la última en una creciente lista de iniciativas que hemos intentado en Church.co.uk y no han funcionado del todo bien. Sin embargo, por alguna razón desconocida, esta ha provocado una reacción feroz. «¿Tener El Eje abierto hasta más tarde era una "idea de Dios" o solo una "buena idea"?», me han preguntado. «¿Fue siquiera una "buena idea" o solo no más que una "idea de Steve"?», quiso saber alguien más. «¡Y si esta no era una idea divina, probablemente algunas de las otras ideas que has introducido tampoco son ideas de Dios!», añadieron. Una persona me explicó en un supuesto tono pastoral ayer por la mañana: «El problema contigo es que siempre has tenido nuevas ideas bajo tu manga». Luego se aventuró asumiendo un aire extraño, como de otro mundo: «Sin embargo, la pregunta es, ¿puedes en realidad decir que el Señor está en ellas?»

Todo esto me ha dejado sintiendo como un salmista de segunda categoría de los últimos días: «Mis acusadores giran a mi alrededor como buitres hambrientos. ¿Por qué me has humillado en presencia de mis escarnecedores?»

> «¿Una "idea de Dios" o solo una "buena idea"?»

A través de los años he aprendido que si una idea que presento no funciona, seré acusado de modo inevitable de intentar hacer el trabajo del Señor «en la carne», de ser impulsivo y salirme de su voluntad o tiempo, o de ambas cosas. Por otra parte, cuando una idea funciona, seré tildado de ser visionario, «un verdadero hombre de Dios», y naturalmente de estar a tono con el Espíritu. Por supuesto, soy lo suficiente viejo para saber que a las dos evaluaciones les falta un poco de discernimiento, por no mencionar objetividad. ¿En verdad podemos afirmar que toda idea que una iglesia o proyecto cristiano ha puesto en acción exitosamente ha sido el fiel reflejo de la voluntad de Dios, o por otro lado podemos descalificar a todas aquellas que han fracasado por estar fuera de su propósito?

Cuando hice mi solicitud por primera vez para entrenar como ministro bautista, me entrevistó un gran comité cuya responsabilidad era aceptarme o rechazarme. Yo solo tenía veinte años en esa época. Me senté en un gran salón con un escenario, frente a aproximadamente cuarenta personas de mediana edad y ancianos, el noventa y cinco por ciento de los cuales eran hombres. Ellos me aporrearon con preguntas y yo hice lo mejor que pude para responderles. Era ingenuo e inmaduro. Estoy seguro de que en la actualidad les respondería a mis torturadores (perdón, quise decir «interrogadores») de manera diferente y esperemos que de un modo más sabio. Sin embargo, yo siempre recordaré a uno de los miembros del grupo, encargado de la tarea de separar la hierba del trigo entre los aspirantes a estudiantes ministeriales. Él me miró directo a los ojos y vociferó: «Jovencito, su problema es que usted es un activista. Y lo último que el ministerio bautista necesita ahora es más activistas».

Yo no sabía qué decir. ¡A mi parecer, exactamente lo que los bautistas necesitaban con mayor urgencia, más que cualquier otra cosa, eran activistas, tantos como fueran posibles! Poco después de que mi entrevista terminara, me encontré esperando en una sala auxiliar hasta que otro miembro de este «cónclave protestante» llegó para explicarme que había sido «rechazado para el puesto». Lloré todo el camino de regreso a casa.

Al reflexionar una vez más en los sucesos y preguntas surgidos por el fracaso del experimento de nuestra cafetería, me siento contento de saber que fue la decisión correcta tratar de abrir los miércoles por la noche. No funcionó, pero aprendimos una o dos lecciones importantes y ganamos una valiosa experiencia. Es bueno ser un activista.

El Dr. George Carey, en ese entonces arzobispo de la Iglesia de Inglaterra, calificó a los años noventas como la «Década de la Evangelización» para la iglesia en el Reino Unido. Mi oración es que los primeros años de este tercer milenio sean recordados como una década para la experimentación. ¿Por qué? Porque el progreso nace de una lucha, es fruto del dolor, el sudor, las lágrimas y muchos errores. Según las palabras del viejo proverbio africano: «Las aguas mansas no hacen diestros a los navegantes». Para

El progreso nace de una lucha, es fruto del dolor, el sudor, las lágrimas y muchos errores.

expresarlo de una manera diferente, la acción, incluso cuando termina en fracaso, lleva al entendimiento más a menudo de lo que el entendimiento conduce a la acción.

lección 7

Caminar con otros resulta más lento que caminar solo

Es muy sencillo ser sabio. ¡Solo piensa en algo estúpido que decir y no lo digas! Ese es justo mi problema. En teoría, lo tengo claro. No obstante, como se dice: «En teoría, la práctica es lo mismo que la teoría. Sin embargo, en la práctica, lo que es cierto en teoría es difícil de poner en práctica».

Por lo tanto, como resultado, a menudo me encuentro galardonándome como un ASCO (Antisocial con Comportamiento Ordenado). ¿Por qué? Por ejemplo, en una reciente reunión sobre estrategia mi actitud y mi enfoque se parecieron más a los de Genghis Khan que a los de la Madre Teresa.

Lo más irritante de todo es que yo sencillamente estaba tratando de hacer que todo el mundo viera el camino que tenemos por delante y de trazar un nuevo curso para el beneficio de todos. Tengo interminables debilidades y fallas, pero una cosa que puedo hacer es ver lo que está por delante, pienso que sé a dónde necesitamos encaminarnos.

Permíteme aclarar esta última afirmación. Primero, yo sé que en ocasiones estoy equivocado. Segundo,

> En una reciente reunión sobre estrategia, mi actitud y mi enfoque se parecieron más los de Genghis Khan que a los de la Madre Teresa.

sé que el crecimiento de Church.co.uk es en realidad en su totalidad obra de Dios. Nosotros dependemos de él. Sin él, estamos acabados; no dudo eso ni por un segundo. Sin embargo, también es cierto que al Señor le gusta trabajar en asoçiación. Eso significa, hablando humanamente, que si no hubiera proporcionado una fuerte guía y establecido una dirección clara durante los últimos dos años, no habríamos podido desarrollar una iglesia viable como para, en primera instancia, realizar una reunión sobre estrategia. ¿Por qué la gente no puede darme algún crédito, no ser tan dura conmigo, aceptar mi consejo y simplemente seguirlo?

Hace unas pocas semanas, en un contexto diferente, me encontré sentado en una habitación con alrededor de veinte personas discutiendo un cierto tema. A la larga llegamos a una conclusión que, para ser francos, muchos de nosotros hubiéramos alcanzado por nuestra cuenta en cinco minutos sin tener que atravesar por ningún tipo de discusión. No obstante, como alguien más en la habitación luego me explicó sabiamente: «Lo importante es el proceso, nos reunimos y, como resultado, todos experimentamos un sentido de pertenencia». Este era un muy buen punto. Caminar con otros es más lento que caminar solo. Esta es la moraleja de la vieja historia de «La liebre y la tortuga»: no siempre es el concursante que corre más rápido el que llega primero a la meta.

Dwight D. Eisenhower indicó en una ocasión: «No guías a la gente golpeándola en la cabeza; eso es asalto, no liderazgo». Yo sé que él está en lo correcto, pero en mi defensa puedo señalar que en la reunión de estrategia me sentía extenuado, cargado de trabajo, muy presionado, poco apreciado, nada amado y, como consecuencia, con el ánimo de golpear a alguien. Así que me consolé a mí mismo diciéndome lo que en alguna ocasión un escritor un poco menos ambicioso, pero tal vez más realista, afirmó: «El hombre que primero le lanzó una palabra de abuso a su enemigo, en lugar de un golpe, fue el fundador de la civilización».

> «No guías a la gente golpeándola en la cabeza; eso es asalto, no liderazgo».
> – Dwight D. Eisenhower

Yo sé que la forma madura y cristiana de actuar era haber mantenido la calma. Lo sabio es ser conciliador; lo prudente es mantener la compostura; lo astuto es permanecer calmado; lo discreto es solo dar respuestas bien pensadas. No obstante, el problema era que por dentro estaba en realidad herido, y como resultado, aunque por fuera no exploté exactamente, no pude evitar mostrarme irritado poniéndome demasiado beligerante.

Un sacerdote católico amigo mío señala: «En medio de cada iglesia creciente hay un sacerdote moribundo». Por supuesto, en verdad esto no es ni más ni menos que el camino de la cruz. Así que, ¿por qué me quejo a gritos al respecto? La curiosa verdad es que sé que la misma gente que en ocasiones parece estar haciendo todo lo posible por frustrarme, en una noche diferente puede ser motivadora, brindarme mucho apoyo y estar dispuesta a correr riesgos. También sé que amo trabajar con estas personas, y que cuando estoy en un mejor y más equilibrado estado de ánimo, disfruto de caminar juntos, a pesar de cuán larga y ajetreada pueda ser la jornada.

«En medio de cada iglesia creciente hay un sacerdote moribundo».

Promete menos, cumple más

lección 8

Cuando era joven, mi padre me enseñó que «las grandes promesas son siempre sospechosas. Una promesa hecha es una deuda por pagar». Cuarenta años más tarde, todavía puedo escuchar el desafiante eco dentro de mi cabeza.

Mi problema es que soy un apasionado y en ocasiones me dejo llevar por mi entusiasmo. Hace poco un amigo me presentó como «el hombre que tiene más ideas antes del desayuno que las que yo he tenido en los últimos diez años». Un par de pensamientos vinieron a mi mente: uno, él estaba siendo un poco duro consigo mismo; y dos, es probable que yo tenga muchas ideas, pero no significa que alguna de ellas sea alcanzable. El hecho de que yo pueda deshacerme en elogios con respecto a ellas no las hace necesariamente factibles, solo logra que la gente sea más susceptible a seguirme hacia la inconciencia si estoy equivocado.

Todo esto me recuerda una importante lección que aprendí hace unos pocos años, una que con urgencia necesito repasar. Estaba trabajando como presentador para un programa matutino de televisión cuando un enorme terremoto azotó la India. Sesenta y seis aldeas en el estado de Maharashtra fueron destruidas por completo. Más de veinticinco mil personas perdieron la vida y ciento cincuenta mil más se quedaron sin hogar en solo cuarenta y tres segundos.

¡Así que tuve una idea! Hice alguna investigación y unas pocas semanas después fui a ver a Peter, el director de programación, para hacerle una propuesta. Le sugerí que me enviara junto a un equipo de camarógrafos a Maharashtra a fin de lanzar una campaña para levantar un hospital allí. Le expliqué que otras organizaciones caritativas estaban ya planificando edificar viviendas y escuelas, pero que todavía ninguna se había ofrecido para manejar la reconstrucción de las instalaciones de servicios médicos vitales. Fue un trabajo duro convencerlo, pero a la larga él y los otros directores estuvieron de acuerdo y nació una convocatoria conocida como «Levántate y da».

> «Las grandes promesas son siempre sospechosas».

Sin embargo, había un punto peliagudo. Yo deseaba lanzar una campaña para recaudar un millón de libras, pero Peter estuvo en desacuerdo. Él dijo que deberíamos ser más cautelosos. Le expliqué que esta gente necesitaba nuestra ayuda y que debíamos dejar que a la precaución se la llevara el viento. Peter me comentó que era esencial edificar la confianza de nuestra audiencia por medio de nuestra habilidad para cumplir lo que prometemos. «Intenta conseguir un millón si quieres, pero no lo publiques, porque si anuncias un millón y solo reúnes novecientas cincuenta mil libras, dirán que fallamos. En cambio, si ofreces un estimado más conservador y entregas más, la campaña será recordada como un gran éxito». Luego añadió: «El principio vital es "prometer menos y cumplir más", no al revés».

Lo hicimos a su manera (básicamente porque él era el jefe y yo no tenía opción), y aunque me duela admitirlo, Peter estaba en lo correcto. Me fijé como objetivo (en privado) un millón, pero nunca se lo dije a nuestra audiencia. Al aire dijimos que nuestro objetivo era recaudar por lo menos quinientas mil libras, lo cual era cierto, aunque en mi mente las palabras «por lo menos» aparecían en letras grandes en negrita, y subrayadas dos veces en rojo. Habíamos presupuestado construir el hospital con seiscientas mil libras y a la larga recaudamos alrededor de setecientas cincuenta mil. Como resultado, nuestra audiencia estaba feliz, pues habían recaudado mucho más de lo propuesto. Los gerentes de la estación televisiva estaban contentos porque la campaña fue un éxito rotundo, incluso ganamos un premio nacional. La agencia de salud de la India a la que estábamos ayudando se sentía feliz debido a que obtuvieron más dinero del que esperaban. Yo estaba contento porque no solo teníamos suficiente dinero para construir el hospital, sino también teníamos la capacidad de pagar el costo del personal durante el primer año. Y para colmo, la convocatoria fue de tal éxito que la estación de televisión la adoptó durante los siguientes diez años y continuó recaudando otros siete millones de libras para muchas otras organizaciones caritativas.

Fue entonces cuando aprendí por primera vez el principio de prometer menos y cumplir más en lugar de hacer lo que en mí aflora de forma natural: prometer más de manera irracional y luego dramáticamente cumplir menos. Esta es una lección que resulta muy importante para todo aquel con un espíritu emprendedor; para todo agente de cambio. Nosotros somos por naturaleza gente con grandes sueños, grandes visiones, grandes ideas, y más a menudo de lo que pensamos, grandes bocas. Si se nos da la más mínima posibilidad para hablar sobre nuestros últimos planes, haremos grandes promesas sobre cómo nuestro nuevo proyecto cambiará el mundo.

Sin embargo, cuando «anunciamos» demasiado nuestras ideas, corremos el riesgo de establecer objetivos tan exagerados que nunca podemos esperar cumplirlos. Y el resultado, por supuesto, está destinado a crear decepción, desconfianza y a la larga desilusión. No obstante, si disminuimos nuestra retórica (por no decir nuestras ambiciones), nos

> Lo que cuenta es lo que hacemos, no lo que decimos que haremos.

damos la oportunidad de exceder las expectativas de la gente. Al final, es en el momento de cumplir que todos somos medidos. Lo que cuenta es lo que hacemos, no lo que decimos que haremos. Establecer expectativas más altas de las que podemos cumplir, aunque nuestra motivadora presentación sea bien intencionada, implica limitar nuestro proyecto y a nuestra gente incluso antes de haber empezado. En lugar de ello, busca objetivos que motiven en vez de intimidar, metas que sean alcanzables en lugar de increíbles.

Machiavello escribió alguna vez que, en su opinión, los líderes deberían sentirse libres para ver «la promesa hecha como una necesidad del momento: la palabra rota como una necesidad del mañana». Él estaba equivocado, mi papá tenía razón: «Una promesa hecha es una deuda por pagar».

lección 9

Nunca nada es lo bastante bueno o malo como parece a primera vista

Tenía problemas para dormir y, como resultado, aprendí una valiosa lección: ¡Nunca revises tus correos electrónicos por la noche! Independientemente de lo que hagas, resístete al pensamiento de que es siempre mejor estar al día con tus «cosas». Por fuerte que sea la tentación a conectarte solo para asegurarte de que las cosas están bien, por amor a ti mismo, lucha en contra de ello. Una vez que te has rendido y descargado esos pequeños terrores, es imposible resistirse a abrirlos, y eso es, como lo descubrí ayer, la receta para una profunda desesperación.

El problema es que casi todos los correos electrónicos que recibo se refieren a cosas que necesitan ser hechas, clasificadas, revisadas, resueltas, preparadas, arregladas, disputadas, debatidas, defendidas o simplemente detenidas. En ocasiones es deprimente, pero definitivamente nunca es una fórmula para una buena noche de sueño reparador, razón por la cual me encontré sintiéndome asediado y abrumado por completo, mirando todavía la pantalla de mi computador a primeras horas de la mañana. Casi puedo recordar una línea de cuando estudié a Shakespeare en la escuela, la cual decía algo como: «Cuando las penas llegan, no lo hacen como espías solitarios, sino en batallones». Pienso que pertenece a *Hamlet*... ¡pero el punto es que el bardo tenía razón!

Traté de decirme que era medianoche, que había perdido la perspectiva de las cosas y estaría mucho mejor en la mañana, pero no funcionó. Toda mi vida se sentía como un desesperado e inútil fracaso. Un esfuerzo sin sentido para cumplir con las interminables actividades, responsabilidades y compromisos que otros me habían impuesto (y hay cientos de ellos que he reunido a lo largo de los años) sin motivación alguna, excepto la obligación.

Me di cuenta de que estaba quedándome sin fuerzas. Me encontraba aislado por completo y pensaba que posiblemente nadie más podía comprender lo que estaba sintiendo o saber por lo que estaba atravesando. En realidad, recuerdo haberme preguntado a quién le importaría, incluso si es que lo hacían. ¿Quién me extrañaría si ya no estuviera? ¿O estarían todos en secreto (o no tan secretamente) aliviados? No sabía qué hacer hasta que amaneció, no había nada que pudiera hacer.

De todos esos correos electrónicos que me observaban desde la pantalla, uno de ellos me lastimó mucho más que todos los demás juntos. Representó un ataque directo a mi persona. Me cortó como un cuchillo y todavía me siento herido por él. ¿Por qué? Porque provenía de una persona que había apoyado, nutrido, por la que me había sacrificado y a quien me había entregado a lo largo de los años. Al leerlo (lo cual hice por lo menos diez veces), sentí como si la crueldad, el resentimiento, la malicia y la injusticia pesaran mucho más que el amor y la gracia. Me sentí traicionado. No obstante, lo más terrible fue que también pude sentir mi ira creciendo como respuesta. Así que además de todo eso, yo era un hipócrita.

Lo peor de todo era que me sentía extrañamente separado de Dios. Desolado. Parecía que mi fe se hubiera destrozado. No podía pensar hacia dónde volverme. ¿A quién podía llamar en medio de la noche? Recuerdo haber leído en alguna ocasión un artículo referente a la conexión entre la oscuridad y el crecimiento espiritual. Si hay alguna conexión entre la oscuridad y el crecimiento espiritual, no se siente como tal. Simplemente duele.

> No sabía qué hacer hasta que amaneció, no había nada que pudiera hacer

M. Scott Peck dijo: «La verdad es que es más probable que nuestros mejores momentos ocurran cuando nos estamos sintiendo profundamente incómodos, infelices o insatisfechos, porque solo en esos momentos, impulsados por nuestro descontento, estamos más dispuestos a salirnos de nuestra ruta y comenzar a buscar respuestas más certeras». Sin embargo, la pregunta más inmediata en medio de la noche es: ¿Estaré atrapado en esto para siempre? ¿Se sentirá como si fueran las tres de la mañana de ahora en adelante al tratar de batallar con todas mis responsabilidades regulares del día a día?

Tratando de ser tan racional como podía, recuerdo haber pensado que a lo largo de los años había aprendido poco a poco que incluso cuando me siento de esta forma, por lo general soy capaz de funcionar bastante bien «hacia fuera». Así que solo aquellos que están más cerca a mí comienzan a sentir lo que en realidad estoy sintiendo «por dentro». No obstante, por exitosa que sea esta estrategia para seguir funcionando, solo me hace sentir la soledad de una manera más intensa.

> Muchos temores nacen de la fatiga, la soledad y de cometer la pésima equivocación de abrir tus correos electrónicos a última hora el viernes por la noche.

Habiendo dejado esa noche en el pasado, estando sentado aquí frente a una taza de café a las once y media del sábado por la mañana, y con la luz del sol derramándose suavemente por la ventana de mi estudio y acariciando mi escritorio, tengo que admitir que esta mañana el mundo se siente muy distinto.

Siempre he escuchado que las cosas parecen peor en medio de la noche. «Muchos temores nacen de la fatiga y la soledad», escribió Max Ehrmann en su famoso poema «Desiderata». A mí me gustaría actualizarlo: «Muchos temores nacen de la fatiga, la soledad y de cometer la pésima equivocación de abrir tus correos electrónicos a última hora el viernes por la noche».

Esta mañana Dios no parece tan remoto y hay esperanza. Sin embargo, los problemas no han desaparecido. Todavía tengo que tratar con la misma lista de problemas. Mi «noche oscura» ha pasado. Nunca nada es tan bueno o malo como parece a primera vista. ¡Ahora todo lo que necesito es el coraje para volver a leer esos correos!

Visión y frustración son la misma cosa

lección 10

«El dinero es como el estiércol; no vale nada a menos que se le riegue por ahí, alentando a las cosas jóvenes a crecer», dijo Thornton Wilder. Es probable que las cosas sean así, pero nuestra iglesia está en quiebra. Somos tan pobres como el ratón de iglesia del proverbio, así que solo mantener las cosas vivas, dejando a un lado el crecimiento, es un desafío en este momento.

Constantemente me dan la bienvenida pequeñas montañas de solicitudes de dinero provenientes de nuestros varios equipos (de jóvenes, desarrollo comunitario, cuidado pastoral, niños, estudiantes, inclusión, oración, música y otros), y no sé qué hacer con ninguna de ellas.

Me esfuerzo por ser positivo y enfocarme en la parte buena de todo esto. Las buenas noticias son que tenemos una iglesia llena de emprendedores con un interminable suministro de estupendas ideas: agentes de cambio con planes reales para transformar nuestra comunidad local. No obstante, las malas noticias son que tenemos una iglesia llena de emprendedores con un interminable suministro de buenas ideas que necesitan todas un interminable suministro de fondos.

Odio ser la persona que debe decir no, pero no tengo opción. Casi puedo percibir a la gente catalogándome como «el hombre sin visión». El problema con los agentes de cambio es que tienden a ser la clase de individuos cuyo versículo bíblico favorito es: «Pidan y se les dará», el cual parecen considerar como un principio delimitador en su relación tanto conmigo como con el Todopoderoso. Sin embargo, a menudo bromeo diciendo que si en primera instancia ellos gozaran de más éxito con él gracias a este enfoque, no necesitarían ser tan exigentes conmigo.

Odio ser la persona que debe decir no.

En realidad, para ser honestos, la gente que conforma nuestra iglesia es muy generosa. Muchos de ellos dan hasta que duele. Ofrendan su tiempo y su dinero. Muchos de ellos son pobres, algunos muy pobres en realidad, y las necesidades aquí son enormes. Ese es justo el problema: mientras más necesidades vemos, más hacemos, pero mientras más hacemos, más necesidades vemos y más difícil se torna la situación.

Me gustaría poder cruzar unas palabras con algunos de mis antiguos profesores de la Escuela Dominical. Cuando era niño, recuerdo que se me informó con toda confianza que «Dios es poseedor del ganado de miles de colinas», y por consiguiente «la única cosa que frena su voluntad es la falta de visión en lugar de la falta de dinero». «Si la visión existe», proclamaban mis profesores con regularidad, «los recursos siempre la seguirán». Bueno, cuatro décadas más tarde me gustaría aventurarme a emitir la opinión de que la única gente que cree eso es aquella que no tiene visión. ¡Se trata en realidad de una carga de estiércol viejo que ha sido esparcido!

He aprendido que vivir con visión es vivir con frustración. En verdad, he descubierto que visión y frustración son la misma cosa. La visión es esperar por lo que todavía no es; la frustración es el inevitable resultado de esperar por lo que todavía no es. No puedes tener la una sin la otra.

> La visión es esperar por lo que todavía no es; la frustración es el inevitable resultado de esperar por lo que todavía no es.

Hace poco tomé una taza de café con un amigo mío cristiano que trabaja en la ciudad en un cargo de mucho poder y altamente remunerado. Él me contó que el fin de semana anterior había escuchado un sermón sobre el tema de vivir por la fe. Sin embargo, continuó explicándome que se sintió «atrapado» o «encasillado». La vida, dijo él, es tan estructurada y segura en nuestra sociedad, que deja poco espacio para una verdadera fe «de riesgo». Me contó que recientemente había visto una cita de Ralf Waldo Emerson que decía: «El dinero a menudo cuesta demasiado». Mi amigo me pidió que orara con él para encontrar una forma de ejercitar una fe más fuerte. Lo hice. No obstante, mientras oraba, no pude evitar pensar que mi problema es casi el opuesto al suyo. Me gustaría llegar hasta el almuerzo, solo en ocasiones, sin tener que enfrentar algún obstáculo mayor de fe relacionado con el dinero.

Me convertí por primera vez en un líder de iglesia en 1981. Desde entonces, la vida ha sido una constante batalla contra una falta de recursos, tratando de ser sabio en cuanto a la línea entre una fe de riesgo y la estupidez ciega. He pasado más de un cuarto de siglo viviendo de esta forma. Si el dinero fuera tan fácil de obtener como el estiércol, sería el primero en esparcirlo por todas partes, porque sé que si las «cosas jóvenes» no crecen ni se extienden, por lo menos se encuentran estancadas y, en el peor de los casos, están muriendo. Con todo, también he aprendido que aunque hay demasiada presión para pensar de otra forma, resulta superficial medir el crecimiento simplemente por el tamaño de un presupuesto, y a pesar de que eso me deje increíblemente frustrado, el antiguo proverbio es cierto: Es «sin visión», no sin financiamiento, «que el pueblo perece».

El éxito consiste en tres días entre dos crisis

lección 11

Un buen equilibrio es algo difícil de alcanzar en la vida. Una vez leí un artículo escrito por un «instructor de vida espiritual» acerca de cómo lograrlo. El resultado me dejó pensando que es tan cierto decir que poseo «una vida equilibrada» como afirmar que Mike Tyson es una estrella de ballet.

El artículo en cuestión fue escrito por un líder de iglesia cuyo matrimonio es sublime; su vida sexual resulta inspiradora; su iglesia es más grande que el club de admiradores de U2 y ejecuta más programas de bienestar social que algunos gobiernos; que posee una vida de oración que hace palidecer a la de Daniel, Sadrac, Mesac y Abed-nego; cuyos hijos han heredado el espíritu de Billy Graham; que lee más libros en un mes de los que yo manejo en todo un año; y que busca formas de ejercitarse cada día con el fin de «honrar a Dios con su cuerpo»... ¡por no mencionar que debe mantenerse en forma debido a las extraordinarias demandas de su vida sexual!

> Es tan cierto decir que poseo «una vida equilibrada» como afirmar que Mike Tyson es una estrella de ballet.

Una vez que tuve la oportunidad de detenerme a pensar por largo tiempo en esto, en lugar de estar abrumado me sentí enojado. No porque no pudiera competir con el rendimiento e historial de este sujeto, sino porque sé que no está siendo sincero por completo. Está intentando timarme presentando de un modo novedoso las mismas viejas mentiras que solo añaden a la pesada carga de tantas buenas personas que ya están luchando por vivir de una manera que honre a Dios.

Con anterioridad había leído la segunda mitad del Salmo 16, lo cual resultó más bien apropiado. Había estado tratando de leer un Salmo cada día durante los dos últimos meses, y por fin llegué al Salmo 16(b). Según dice mi Biblia, lo escribió el rey David. «Por eso mi corazón se alegra, y se regocijan mis entrañas ... No dejarás que mi vida termine», declaraba su lírica con audacia. Lo asombroso, como todos sabemos, es que David —el rey al cual Dios se refiere como «un hombre conforme a su corazón»— también era un asesino, un mentiroso y un adúltero, por no mencionar que resultó ser un padre negligente y disfuncional. Hace unos años, Bono escribió una introducción a los Salmos. En la misma él reflexiona sobre estos hechos comprometedores. «Que las Escrituras rebosan de estafadores, asesinos, cobardes, adúlteros y mercenarios solía impactarme», declara él. «Ahora, resulta ser una fuente de gran consuelo».

Estoy de acuerdo. Si soy sincero, la mayor parte del tiempo estoy a solo dos pasos del borde de un caos total. La vida exitosa, en lo que a mí concierne, consiste en tres días entre dos crisis. Mi vida, al igual que la de todo el mundo, está marcada por el estrés y el desorden. Para mí, vivir «exitosamente» en realidad no significa más que la calma entre las inevitables tormentas. Lo que me frustra es que, de vez en cuando, todavía me dejo engañar por la mentira de que la vida debería ser como navegar en aguas tranquilas. Todavía me encuentro momentáneamente engañado por la creencia de que todo el mundo mantiene el rumbo y yo soy el único que tiene problemas con el timón.

Recuerdo cuando poco después de haber llegado a la universidad teológica le confesé a mi mejor amigo que estaba convencido de que yo debía ser el estudiante más «carnal» que había sido aceptado para el entrenamiento ministerial. La mayor parte del tiempo vivía atemorizado por la posibilidad de que mis tutores a la larga pudieran descubrir la verdad sobre mí —que era malo en los momentos de tranquilidad y que pasaba mucho más tiempo pensando en mujeres solteras que en la batalla espiritual— y me botaran.

Para mí, la imagen de una espiritualidad impecable que le capacita a uno a subir cualquier montaña y vencer a cualquier enemigo a través del poder de una disciplinada vida de oración no solo resulta algo desalentador, sino que es en extremo peligroso.

Con los años, he visto a demasiados amigos cristianos estrellarse y quedar agotados porque han agravado el estrés natural de sus trabajos con el mito de que sus vidas supuestamente deben ser en todo momento ordenadas, exitosas, triunfantes y estar bajo control. El hecho de que no lo consiguieran sencillamente añade otra dimensión a su ya profunda sensación de fracaso y culpa. Las expectativas demasiado altas, el estrés y la extenuación son enormes problemas para los líderes de la iglesia, los pioneros y los agentes de cambio, conllevando al agotamiento físico, la enfermedad, el colapso nervioso, el resquebrajamiento, la depresión clínica, el adulterio, el divorcio, el alcoholismo, el abuso de sustancias, la violencia doméstica e incluso el suicidio. He sido testigo de todo esto.

> «El éxito es la habilidad de pasar de un fracaso a otro sin perder el entusiasmo».
> —Winston Churchill

El «éxito» individual continuado, cualquiera sean nuestras motivaciones, es simplemente un producto de nuestra imaginación. Si no espero caer en algún momento, simplemente no estoy siendo realista. Y en lo que se refiere a la gente que lidero, si pinto una imagen de la vida cristiana y el liderazgo cristiano que no da cabida a la fragilidad humana, sino que demanda un éxito sobrehumano constante, no solo los estoy preparando para una desilusión extrema, sino que prácticamente me aseguro de que los dejaré por el piso.

No es que el pecado no importe, en realidad es precisamente porque *sí* importa que resulta tan craso error ocultar nuestras debilidades y áreas de tentación, pretendiendo ante las otras personas (y muy a menudo ante nosotros mismos) que en realidad no están ahí. El autoengaño de esta clase solo nos allana el camino para la caída. Necesito asegurarme de que soy mucho más transparente, abierto y franco con la gente sobre mis luchas así como también sobre mis éxitos; sobre mis debilidades así como también sobre mis fortalezas.

«El éxito», dijo una vez Winston Churchill, «es la habilidad de pasar de un fracaso a otro sin perder el entusiasmo». Estoy de acuerdo. Y la razón por la que puedo hacerlo con confianza; por cierto, la única razón por la que he sobrevivido como cristiano y aun más como líder cristiano, es debido a la gracia de Dios. Yo sé que resulta escandaloso, pero es mi única esperanza.

lección 12

El gran liderazgo se mide por lo que queda después que te hayas ido

¡Cuán fácil es pasar del satisfactorio papel de un pionero emprendedor al de un corcho tercamente atorado en la botella!

La vida está cambiando de continuo, no solo aquí en Church.co.uk, sino también dentro de Oasis como un todo. Hace veintiún años, Oasis consistía solo en un escritorio, una silla, un teléfono, una prehistórica máquina de escribir eléctrica de segunda mano y yo. En ocasiones resultaba solitario, pero también tenía sus cosas buenas. Por ejemplo, significaba que mis ideas y opiniones siempre eran aceptadas. No tenían rival. Si yo no las soñaba y no las llevaba a cabo, simplemente no sucedían. Y esto implicaba que a mí se me daba todo el crédito por cualquier cosa que lográramos. Después de todo, yo era el visionario, el fundador, el iniciador, el estratega, el administrador, el gerente, el publicista y el trabajador de campo.

Es muy diferente ahora, tanto dentro de Oasis como más recientemente en Church.co.uk. Hemos crecido con la llegada de muchas personas y actividades nuevas, así como de nuevos proyectos. Sin

Aunque me gusta pensar con respecto a mí como un pionero, muy en lo profundo de mi ser acecha en secreto un colono.

embargo, esto implica nuevas ideas, nuevos métodos, nuevas rutinas, nuevos pensamientos, nuevos líderes y nuevo personal. Y en medio de todo esto he tenido que enfrentar algunos desafíos personales muy exigentes y aprender algunas incómodas lecciones sobre mí mismo, como la inquietante comprensión de que aunque me gusta pensar con respecto a mí como un pionero, muy en lo profundo de mi ser acecha en secreto un colono.

Recuerdo aquello a lo que John Maxwell le llamó «la ley del tope». Él explicó que todo líder crea «un tope de cristal», no solo para sí mismo, sino para toda la organización. La cima de este tope está determinada por su capacidad de seguir desarrollando. Cuando los líderes alcanzan este tope, no solo se estancan simplemente porque deciden que ya no pueden progresar más allá, sino que su organización se estanca con ellos. De esta forma, la actitud de cualquier líder se convierte en el limitante del crecimiento de su organización, así como también de su propio desarrollo. Si son listos, el tope es alto, pero a la inversa, si su tope es bajo, todo el mundo sufre. Así que mi habilidad de liderazgo, para bien o para mal, determina no solo mi efectividad, sino también el futuro desarrollo de Oasis como un todo y de Church.co.uk en particular. ¡Definitivamente un pensamiento preocupante!

Mi problema es que estoy asediado por dos pesadillas recurrentes que representan dos temores iguales y opuestos. La primera es que de aquí a diez años la gente pueda decir: «El problema con ese Steve Chalke fue que nunca supo cuándo detenerse, cuándo quitar sus manos del volante y dejar que otros hicieran el trabajo. En los primeros días Oasis [o Church.co.uk] creció debido a su visión, pero al final casi la destruye porque simplemente no pudo hacerse a un lado. Él quería meter la cuchara en todas partes».

Recuerdo que Teodoro Roosevelt dijo en una ocasión: «El mejor ejecutivo es aquel que tiene el suficiente sentido común para elegir gente buena a fin de hacer lo que quieren hacer y el suficiente autocontrol para evitar entrometerse mientras lo hacen». Este es un gran pensamiento, pero es uno con el que es más fácil estar de acuerdo que ponerlo en práctica.

Mi segunda pesadilla radica en exactamente lo opuesto. En esta aterrorizante aparición, han pasado diez años de nuevo, pero en esta ocasión la gente señala: «El problema con ese Steve Chalke fue que aunque hizo un buen trabajo al principio, debió haberse aburrido porque quitó las manos del timón demasiado pronto. En los primeros años Oasis [o Church.co.uk] creció gracias a su visión, pero al final casi la destruye porque simplemente perdió interés, parecía no tener el poder de la constancia que le hubiera permitido a la organización [o la iglesia] alcanzar su potencial».

Recuerdo haber visto en la televisión uno de esos programas de historia natural al estilo de David Attenborough sobre una manada de alguna clase de caballos salvajes, donde la hembra dominante había sido asesinada por un ataque de leones. El comentarista explicaba que esta muerte era una tragedia para toda la manada, porque privados de su líder natural antes de tiempo, las otras hembras habrían pujado por la posición y sin liderazgo todo el grupo debería luchar para sobrevivir a los peligros del largo y duro invierno que se avecinaba.

Este es mi dilema, siento que estoy atrapado entre lo uno y lo otro. ¿Qué cosas delego? ¿De qué debo encargarme yo mismo? ¿A quién le delego? ¿Cuándo y cómo lo hago?

A menudo me siento perturbado por la imagen de esa manada de caballos. ¿Era esa una lección del cielo advirtiéndome que no entregara el liderazgo demasiado pronto, o era un mensaje del infierno haciéndole el juego a mi exagerado sentimiento de creerme indispensable? Estoy confundido porque todo esto se ve complicado por otro problema. Debo confesar que no creo haber hecho nunca nada por una motivación pura. Así que, además de mis buenas razones para luchar con esto de la «sucesión», debo ser lo suficiente franco para admitir que en ocasiones me encuentro acechado por el temor de perder importancia y el hecho de tener que dar un paso hacia la oscuridad.

Resulta fácil convencerme de que otros no pueden hacer el trabajo tan bien como yo; de que tengo la madurez y la comprensión que provienen de la experiencia que a otros les falta. Y para complicar todo esto, es obvio que algunas de estas cosas son ciertas. Tengo más experiencia que el equipo con el que trabajo: soy mayor, he estado en las trincheras por más tiempo, y he tenido más oportunidades para aprender de mis errores. Sin embargo, una vez más, la vida consiste en mucho más que las actuaciones perfectas de profesionales brillantes. Esa es la huella de una corporación descuidada, no de una comunidad cariñosa. Necesito aprender a tener la gracia de ver a aquellos con los que trabajo cometer errores mientras me muerdo la lengua, sonrío, y en el momento oportuno ofrezco una opinión sincera, motivación y ayuda sin caer en una de esas condescendientes actitudes de «te lo dije».

Necesito aprender a tener la gracia de ver a aquellos con los que trabajo cometer errores mientras me muerdo la lengua.

¿Cómo me recordará la historia? El jurado todavía no tiene su veredicto. ¿Qué clase de tope tengo? ¿Cuán alto o bajo es? Se dice que un gran liderazgo se mide por aquello que queda luego de que te hayas ido. Así que, mientras camino en lo que en ocasiones me parece la cuerda floja, por favor Señor, ayúdame a mantener mi equilibrio.

El individualismo es el enemigo de la individualidad

lección 13

He aquí una verdad que mis críticos ven con claridad, pero que me ha tomado media vida reconocer: No soy una persona equilibrada. Nunca he sido equilibrado. Nunca seré equilibrado. Soy incapaz de ser equilibrado. Es doloroso admitirlo para mí mismo, y mucho peor reconocerlo ante los demás. Es incluso todavía más doloroso plasmarlo en el papel. En realidad, se siente como si el proceso mismo de escribirlo, de registrarlo tan crudamente en blanco y negro, lo hiciera más verdadero. Y el hecho de leer de nuevo lo que acabo de garabatear de alguna forma lo sella como si estuviera grabado en piedra.

No estoy tomando el camino fácil, un enfoque de la vida al estilo: «Esa es la forma en la que soy... no puedes enseñarles trucos nuevos a un perro viejo». Es solo que, por mucho que haya tratado (y lo he intentado muy duro y por mucho tiempo) soy, a fin de cuentas, yo. Nada más, nada menos.

Toda mi personalidad, la forma en la que Dios me hizo, implica que veo las cosas de una manera par-

La aleccionadora verdad es que mis fortalezas son al mismo tiempo también mis debilidades.

ticular, desde un ángulo específico, a través de un par de lentes único, los cuales, aunque ayudan a enfocar las cosas bien, también crean algunas manchas oscuras muy serias.

La aleccionadora verdad es que mis fortalezas son al mismo tiempo también mis debilidades. Una autoevaluación sincera me dice que mis puntos fuertes son, en otros contextos, mis defectos. Mis ventajas son también mis desventajas, los mismos rasgos que me sirven tan bien en algunas situaciones se combinan para convertirse en mi «talón de Aquiles» en otras. Tengo cincuenta años y estoy sin fuerzas.

Sin embargo, aunque reconocer mi falta de equilibrio puede sentirse limitante, es también una gran liberación. Cuando comprendo correctamente y tengo conciencia de mis limitaciones, lejos de destruirme, siento como si un peso de mil toneladas hubiera caído de mis hombros. Estoy liberado de la interminable lucha por ser lo que no soy y nunca podré ser. Me siento libre para ser yo mismo. Mi objetivo en la vida ya no es alcanzar el equilibrio; o ser la persona polifacética a la que a lo largo de los años muchos han urgido, exhortado y presionado para que llegue a serlo. Cualquier equilibrio que logro es encontrado y continuará siendo encontrado únicamente como parte de una comunidad. Por fin estoy aprendiendo que el individualismo es siempre el enemigo de la individualidad. Es en comunidad que puedo ser yo mismo.

Tengo un amigo que trabajó durante años como ejecutivo de una muy bien conocida compañía de entrenamiento para líderes. Hace unos años, ellos realizaron una investigación con los trabajadores de una central de llamadas que habían completado un curso de entrenamiento desarrollado y diseñado en especial para construir y mejorar sus habilidades. Sin embargo, tanto antes como después del curso, sus desempeños individuales fueron evaluados y calificados. Los descubrimientos fueron reveladores. El diez por ciento de los mejores trabajadores mejoró su desempeño en un promedio mayor al cincuenta por ciento; el ochenta por ciento de los trabajadores normales lo aumentó en un promedio de alrededor del diez por ciento, mientras que el diez por ciento de los peores trabajadores no mostró ninguna mejora en lo absoluto.

Años atrás, escuché a un reconocido líder de iglesia explicar: «No puedes poner en una persona lo que no se encuentra ahí». Recuerdo haberme sentido impactado. ¿Cómo pudo ser tan duro y desdeñoso? No obstante, con el pasar de los años

> «No puedes poner en una persona lo que no se encuentra ahí».
> —Un líder de iglesia

he llegado a ver que él estaba en lo correcto. La cosa más difícil de la vida es hacer las paces con quienes somos. Mucha gente nunca lo hace. Con el fin de prosperar, sé que debo aceptar lo que soy y lo que no soy.

Hace casi veinticinco años atrás fui ordenado como ministro bautista. Todavía recuerdo las promesas que le hice a la congregación debidamente reunida cuando juré «ejecutar [mi] cargo con toda fidelidad, predicar y enseñar la Palabra de Dios a partir de las Santas Escrituras, liderar a la congregación en la adoración y administrar los sacramentos del evangelio, atender el rebaño de Cristo y hacer el trabajo de un evangelizador», así como también «ser fiel en la oración y en la lectura y el estudio de las Santas Escrituras, y llevar una vida digna del llamado al cual [yo había] sido llamado».

> «Siempre escucha a tus peores enemigos así como también a tus mejores amigos. Ambos te dicen la verdad, aunque desde perspectivas ligeramente diferentes».
> – Winston Churchill

Aunque la lista de obligaciones se leyó en voz alta, recuerdo que me preguntaba por qué nadie se estaba riendo. Me sentí un poco como si estuviera en la parte de los servicios matrimoniales donde el ministro le pregunta a la congregación: «¿Conoce alguien cualquier impedimento legal por el que este hombre no pueda unirse en santo matrimonio con esta mujer?» Estaba seguro de que mi mamá o uno de mis compañeros estaba a punto de saltar y gritar: «¡Deténganse, deténganse, están cometiendo una gran equivocación. ¿Él… un sabio consejero, un sensible pastor, un tenaz orador, un informado maestro y todas esas otras cosas? ¡Tienen al sujeto equivocado!»

«Siempre escucha a tus peores enemigos así como también a tus mejores amigos. Ambos te dicen la verdad, aunque desde perspectivas ligeramente diferentes», dijo Winston Churchill. Buen consejo. Mis críticos están en lo correcto: sufro de los defectos por los que ellos con regularidad me acusan. Sin embargo, mi respuesta es simplemente la siguiente: «Es probable que sea débil, pero me apoyo en mis amigos».

Enfoca cada problema con la mente abierta en lugar de abrir la boca

lección 14

Hace pocos años trabajé una temporada presentando un programa de entrevistas en vivo para una estación de radio comercial. Cada noche recibíamos llamadas telefónicas de los oyentes a lo largo y ancho del Reino Unido, los cuales telefoneaban con sus a menudo extraordinariamente directas opiniones sobre las grandes historias noticiosas del día. Para evitar ser demandada, la estación operaba con un sistema de siete segundos de retraso que nos permitía, cuando era absolutamente necesario, editar los comentarios ofensivos y calumniadores.

¡Si solo contara con un sistema personal incorporado de siete segundos de retraso con el cual pudiera lograr el mismo efecto! ¿En cuántas ocasiones tal instrumento hubiera salvado a aquellos que me rodean del impacto perjudicial de las cosas que sin pensar digo sin parar? En mis mejores momentos mis palabras pueden ser como un bálsamo, traer consuelo y sanidad. No obstante, también son como armas hiriendo y lastimando. De continuo me asombro de que sea capaz de elevarme tan alto y hundirme tan bajo, todo en el mismo día.

Me siento fascinado por aquellos programas de entrevistas en la televisión donde una celebridad responde a la pregunta: «¿Te arrepientes de algo?», con una increíble afirmación de que si pudieran «hacerlo todo de nuevo, no cambiarían nada». ¿Pueden hablar en serio? Si yo pudiera cambiar lo que he hecho en el día de hoy, lo haría. Si pudiera regresar el tiempo por un par de horas, lo haría. Si pudiera tragarme mis palabras de nuevo, lo haría. Sin embargo, esto se parece un poco a la opción de un computador de «recuperar el mensaje» para recobrar aquellos correos electrónicos que enviaste por equivocación y desearías no haberlo hecho... ¡es imposible!

> ¡Si solo contara con un sistema personal incorporado de siete segundos de retraso!

En una ocasión me encontraba ante una copa de vino pregonándole a una amiga los beneficios de mi idea de un sistema personal de siete segundos de retraso. Ella tuvo dos observaciones: Primero, estuvo de acuerdo en que yo resultaría grandemente beneficiado por dicha tecnología. Aunque debo confesar que me preocupó que estuviera tan dispuesta a darme la razón. Segundo, ella insistió, un poco más tranquilizadoramente, en que yo no estaba solo.

Debido a todos mis fracasos me encontraba acompañado de algunos famosos. Por ejemplo, mi amiga alegó que Moisés habría llegado a la Tierra Prometida si hubiera tenido unos pocos segundos para corregir el error de golpear la roca. Un pequeño retraso también habría cambiado las cosas para Sansón. La misma regla se aplicaría para Simón Pedro, que sufrió más de una vez del síndrome de «abrir la boca antes de poner el cerebro a funcionar». Es probable que Pablo se hubiera beneficiado de un poco de tiempo para reflexionar antes de ser tan duro con Bernabé y Juan Marcos. Y las cosas podrían haber sido diferentes por completo para Ananías y Safira, pues si alguien alguna vez necesitó un sistema de retraso de siete segundos fueron ellos.

Debo admitir que estos fueron muy buenos puntos, aunque la realidad es que por ideal que tal cosa parezca, ni yo ni nadie más puede tener un mecanismo infalible y automático de retraso. Eso significa que necesito aprender una nueva disciplina: ¡el retraso autoimpuesto! Hay algunas cosas que es mejor no decir, algunas respuestas que es mejor no dar, algunas cartas que es mejor no enviar y alguna información que es mejor no comentar.

Se me ha dicho que en una ocasión Harold Wilson bromeó: «Los políticos son personas que se enfrentan a cada pregunta con la boca abierta y la mente cerrada». Mi objetivo, que demasiado a menudo no llego a alcanzar, es exactamente lo inverso: enfrentar cada problema con la mente abierta en lugar de abrir la boca.

Recuerdo que una vez me contaron la historia de Lord Coggan, el antiguo arzobispo de Canterbury, el cual, cuando le preguntaron por qué se sentaba durante largos períodos en las reuniones de negocios sin comentar nada, contestó: «Trato de hablar solo cuando creo que mis palabras añadirán algo al silencio en lugar de sustraer algo de él».

Hace poco estaba leyendo uno de esos suplementos de fin de semana cuando mis ojos se encontraron con ese famoso y a menudo citado versículo de Eclesiastés: «Hay un tiempo para todo ... un tiempo para callar y un tiempo para hablar». Un buen principio, pero el problema es saber cuándo aplica cada cosa. Necesitaba más ayuda. Entonces, para mi sorpresa, unas páginas más adelante, me encontré con otro consejo sabio, en esta ocasión de una fuente un poco menos creíble. Según las palabras del comediante británico Bob Monkhouse: «El silencio es oro... esto a menudo es algo que se cita erróneamente». Así que de ahora en adelante, estoy orientado a tener la mente un poco más abierta y a cerrar un poco más la boca.

> «El silencio es oro... esto a menudo es algo que se cita erróneamente».
> – Bob Monkhouse

lección 15

La admiración funciona mejor a la distancia

Todos nosotros mostramos nuestro peor comportamiento puertas adentro. Es doloroso reconocerlo, pero eso no lo hace menos cierto. A menudo hay una brecha, una brecha enorme, entre el «yo público» y el «yo privado». Es probable que me vea como «lo real» por fuera, como un roble sólido, pero detrás de mi extremadamente fino barniz hay una horrorosa madera prensada escondida.

Hace poco impartí una conferencia para activistas sociales cristianos. Luego de mi charla, un hombre con una muy seria y casi remordida expresión en su rostro se cruzó ante mí y colocó un sobre cerrado en mi mano. Una vez que me explicó el honor que representaba para él conocerme, me informó que el sobre contenía una «palabra» que Dios le había puesto como carga para que me la entregara en persona. Le agradecí, coloqué el sobre en el bolsillo trasero de mi pantalón, y me olvidé de él.

Ayer por la noche estaba sentado en nuestra sala de estar con Cornelia, mi esposa, acompañado de una enorme taza de café y un refrigerio que ella había

A menudo hay una brecha, una brecha enorme, entre el «yo público» y el «yo privado».

preparado para mí. La televisión estaba encendida. Yo llevaba puesto el mismo par de pantalones. Fue entonces que de repente recordé el sobre. Lo saqué y lo abrí. Me senté y procedí a leerlo en voz baja. «Poderoso hombre de Dios», proclamaba mi profética nota, «usted es un instrumento del Señor para este momento. Debería ser llamado un vocero para su pueblo, un embajador para los reyes y reinas, un profeta para las naciones, porque usted es aquel que entiende los tiempos». El mensaje concluía con Ester 1:13: «Preguntó entonces el rey a los sabios que conocían los tiempos ... así acostumbraba el rey con todos los que sabían la ley y el derecho» (RVR-1960).

Para alguien que se supone debe «entender los tiempos», lo que sucedió durante los siguientes minutos fue, por decir lo menos, decepcionante. De acuerdo a Cornelia, cometí el desafortunado error de dejar mi profética carta y el destrozado sobre en el que venía sobre la mesa del café junto a la taza vacía, el plato en el que acababa de comer un emparedado de queso y la cáscara de una mandarina. Esto, afirmó ella, fue después de que pasé la media hora anterior ignorándola, con la mirada fija y sin prestar ninguna atención a la televisión, y repasando de forma intermitente la carta profética (¿o escuché que ella decía «patética»?).

Habiendo dejado claro su punto de vista, noté que ella tomaba la carta y la leía para sí, lo cual, si soy franco, era tal vez lo que yo estaba deseando. Sin embargo, definitivamente no esperaba su reacción. Al principio se rió, dijo que resultaba obvio que se trataba de alguna clase de equivocación y que quizás el remitente me había confundido con Billy Graham. Ligeramente herido, objeté señalando que no podía ver qué era tan divertido y que no me parecía en lo absoluto a Billy Graham. «Ese es justo tu problema», bromeó ella, y luego añadió: «La persona que escribió esa cosa debería tratar de vivir contigo por un tiempo. Tal vez limpiar el desorden que dejas podría moderar su juicio un poco. ¡Embajador ante las naciones… tú a menudo no llegas ni siquiera hasta el lavaplatos de la cocina!»

¡No creí prudente recordarle a Cornelia que la nota en realidad decía que sería un embajador ante reyes y reinas, no solo ante las naciones! En gran parte debido al impacto provocado por las palabras proféticas, como se dice, la admiración funciona mejor a la distancia. Aun así, me siento motivado por la historia que a menudo le he escuchado contar de Ruth Graham, la esposa del famoso evangelista estadounidense Billy Graham. Cuando le preguntaron si en alguna ocasión había pensado divorciarse de su atareado esposo, ella respondió: «Divorciarme, nunca… ¡asesinarlo, a menudo!»

«Escoger la coherencia, resistirse a claudicar» es el lema del libro mejor vendido de Bill Hybels, *Who You Are When No One's Looking?* [¿Quién eres cuando nadie te ve?]. Este es un gran objetivo, pero de alguna manera la brecha entre la persona que quiero ser y la que soy, la brecha entre mi aspiración y mi consecución, nunca parece estrecharse, en especial en casa.

Hace unos años, cuando nuestros hijos estaban todavía en la escuela, tenía el hábito de levantarme temprano cada mañana y hacer una corta caminata hasta nuestro parque local para sentarme en una banca junto al estanque, leer la Biblia y orar en medio de la quietud. Hice esto de manera constante durante un par de meses al principio de un verano y en realidad me sentía muy complacido. Era una forma muy motivadora de empezar cada día, inundándome de la presencia y la paz de Dios. Sin embargo, recuerdo muy bien el día en que al llegar a casa para servirme algo de desayunar antes de dirigirme a la oficina, Cornelia, en lugar de celebrar mi recién desarrollado apetito espiritual, de repente explotó. Cada mañana había estado sentado ahí, nutriendo con petulancia mi vida devocional y reflexionando en los más finos puntos del desafío del mundo

> «Aquel que está demasiado ocupado haciendo el bien no encuentra tiempo para ser bueno».
> – Rabindranath Tagore

misionero, mientras ella se quedaba lavando, vistiendo, alimentando y preparando a nuestros hijos para la escuela. Todo sin ayuda. Para ella, había poca oportunidad de empezar el día reflexionando sobre cualquier otra cosa que no fuera el hecho de que su holgazán marido había escogido abandonarla de nuevo.

«Aquel que está demasiado ocupado haciendo el bien no encuentra tiempo para ser bueno», comentó en una ocasión Rabindranath Tagore, ganador del Premio Nóbel de Literatura. Tal vez esa era su manera de confesar el hecho de que, como yo, él tenía la tendencia a guardar su peor comportamiento para mostrarlo puertas adentro.

lección 16

La confianza evoluciona, no es una cuestión de «encender» y «apagar»

Alrededor de dieciocho meses después de iniciar mi trabajo en Church.co.uk, Waterloo, Margaret, que está en la mitad de sus ochenta años, me arrinconó luego de un servicio matutino y se quejó: «No estoy feliz… No lo estoy para nada».

Recuerdo que en lo que a mí respecta me sentí herido, pero también pensaba que en realidad no podía culparla. Yo sabía que Margaret había sido parte de Church.co.uk, Waterloo mucho antes de que fuera llamada Church.co.uk, Waterloo… probablemente incluso antes de que yo naciera. También sabía que era viuda y que su amado esposo, Paul, había servido aquí como líder de iglesia hasta el día de su muerte. Había observado a Margaret mientras permanecía sentada en los servicios que se referían a temas como el matrimonio o el duelo, y la escuchaba charlar cuando venía a nuestra cafetería durante la semana. Me daba cuenta de que ella estaba sufriendo porque extrañaba muchísimo a Paul, y añoraba con todo su corazón el gozo de los días que se habían ido. Hay una inquietante línea en la canción «Empty

Chairs» [Sillas vacías] del musical *Los Miserables*: «Perdonadme, mis amigos, que hayáis muerto y que yo viva. Es la pena de mi alma, pena que no cesará». Esta letra parece resumir bastante bien la situación de Margaret.

Ser parte de Church.co.uk es una experiencia agridulce para Margaret. Aunque es un nombre a la moda, debe ser casi incomprensible para alguien que nunca en su vida ha usado un computador, mucho menos la Internet. Para Margaret, yo sé que nuestra iglesia –su iglesia– actúa como un importante punto de contacto con su pasado. Y me doy cuenta de que en cierta manera los cambios que debí introducir cuando llegué hace dos años y medio tuvieron el efecto de cortar el cordón umbilical con esos preciados recuerdos.

Hace poco un líder de iglesia se sentó en mi oficina y se quejó con amargura de cómo su «ministerio» había sido «aplastado» por la ciega e irracional lealtad de su «congregación a la tradición muerta e irrelevante». Como resultado, él aseguraba que se encontraba aislado y rechazado. Traté de sugerir que tal vez él había malinterpretado el motivo de su situación. Según mi experiencia, la razón más frecuente para que los «ministerios» sean

> «No confíes en nadie a menos que hayas comido mucha sal con esa persona».
> – Cicerón

destrozados radica en la falta de respeto y amor por la gente. Solo en la medida en que la gente te llega a conocer, es capaz de colocar su confianza en ti y caminar a tu lado hacia lugares desconocidos y extraños. Tal como Cicerón lo expresara en el primer siglo antes de Cristo: «No confíes en nadie a menos que hayas comido mucha sal con esa persona».

He aprendido que edificar la confianza es un asunto que consume tiempo. Requiere una gran cantidad de trabajo duro y constante. La confianza evoluciona, no es una cuestión de «encender» y «apagar». Es una cosa que no puede apresurarse ni acelerarse. Tiene que ser ganada. Se desarrolla con lentitud, crece poco a poco, en lugar de sencillamente aparecer. No hay un atajo para asegurarla. En palabras de George MacDonald, el novelista, poeta y líder de iglesia victoriano: «Ser merecedor de confianza es un cumplido mayor que ser amado». Sin embargo, por difícil que sea alcanzarlo, este preciado elemento es vital para todo líder de iglesia, en especial en un tiempo de transición cultural.

«Ser merecedor de confianza es un cumplido mayor que ser amado».
– George MacDonald

A menudo pienso que la confianza es como el dinero colocado en un banco: aunque un retiro no necesariamente me pone en números rojos, si con el tiempo los fondos solo son retirados, incluso la más acaudalada de las cuentas se agotará. Lo inverso también es cierto: mientras más depósitos haga, aunque estos sean pequeños, más crédito tendré. En otras palabras, construir o quebrantar la confianza es algo que ocurre de manera progresiva. Aunque en casos extremos un acto de traición es suficiente para destruirla de inmediato, la mayor parte del tiempo su flujo y reflujo son graduales.

Sin embargo, la lección que se ha demorado décadas para entrar en mi testaruda cabeza es que la confianza es emocional casi tanto como racional. La misma nunca es un mero asunto de fría comprensión intelectual; es tanto una respuesta emocional a alguien como a sus ideas.

> Me miró directo a los ojos y dijo con gentileza: «Estoy feliz… en verdad, estoy muy feliz. Confío en ti».

Yo sé que a Margaret todavía no le gustan muchas de las canciones que utilizamos. Y no espero que le gusten jamás. Sé que la manera informal en que visto no es su primera opción, para ella, a mi vestimenta le falta un cierto sentido de reverencia y respeto. Me doy cuenta de que la recién instalada batería nunca llenará el vacío dejado por el desuso del órgano. En realidad, estoy seguro de que hay más de cien pequeñas cosas que Margaret escogería que fueran diferentes en nuestros servicios.

No obstante, recientemente Margaret me arrinconó de nuevo y procedió a hacerme una pregunta extraordinaria y directa: «¿Estás pensando dejarnos?», demandó saber. Se me cayó el alma a los pies. Con todo, tomé una profunda bocanada de aire y decidí decirle la verdad: «No», respondí de manera tan enfática como pude. Entonces sucedió. Margaret me mostró una sincera y amplia sonrisa. Me miró directo a los ojos y dijo con gentileza: «Estoy feliz... en verdad, estoy muy feliz. Confío en ti». Yo le sonreí, con una sonrisa de alivio y gratitud. Sostuve su mano y le dije: «Gracias».

lección 17

El elogio es la herramienta milagrosa

«La gente no cambia por una exhortación moral, sino por una imaginación transformada», escribió Walter Brueggemann. No podría estar más de acuerdo. Así que me pregunto por qué, después de todos estos años, todavía soy tan lento cuando se trata de hacer algo al respecto. ¿Por qué no soy más generoso con mis agradecimientos? ¿Por qué soy tan lento para expresar un aprecio entusiasta? ¿Por qué tan a menudo dejo pasar el momento de mostrar gratitud? ¿Por qué tengo la inclinación a minimizar las cosas positivas y maximizar las negativas? ¿Por qué condeno con un débil elogio cuando podría edificar con una sentida afirmación?

El otro día alguien (un amigo que es un apasionado, comprometido y en extremo esmerado siervo de Church.co.uk) me contó acerca de una idea que habían tenido y del arreglo al que habían llegado como resultado de ella. Se me caryó el corazón a los pies. En un instante, pude visualizar todos los problemas que su plan podía potencialmente generar. Sentí que la sangre se me subía a la cabeza (una clara señal de que estoy perdiendo perspectiva y existe el peligro de decir algo de lo cual me arrepentiré), pero no me detuvo para dar oído a mis instintos. En lugar de eso, escuché que de mi boca salían algunas oraciones muy mal elegidas, todas demasiado prestas para revelar mi sentido de pánico y desaprobación. Luego tuve la intención de ocultarlas con un débil elogio elaborado con precipitación, de la clase que puede congelar el corazón y a la vez desaprobar.

Lo ridículo es que hace algunos años escribí un capítulo en un libro con relación a la estupidez de lo que llamé «la técnica administrativa del regaño y los gritos». En el mismo expliqué que cuando gritas o regañas a la gente para que las cosas se hagan, todo lo que en realidad estás logrando es acabar gradualmente con su entusiasmo por hacer cualquier cosa. A la larga, ellos se resentirán tanto de tus comentarios (¡y por supuesto de ti!) que lo único que obtendrás será lo mínimo indispensable de ellos. «Hacer trizas a la gente» es la peor manera posible de conseguir que aprendan de sus errores. Esto desmotiva en lugar de motivar. Como una herramienta para inspirar el cambio, es algo casi tan eficaz como tratar de iniciar un fuego con un balde de agua helada. Por otro lado, si aprendes a elogiar a las personas por el

> ¿Por qué no soy más generoso con mis agradecimientos?

buen trabajo que hacen o el esfuerzo que realizan, ellas comienzan a sentirse bien y desean lograr más. Y a medida que su seguridad crece, harán incluso un trabajo mejor, creando un círculo virtuoso en lugar de un círculo vicioso. He llegado a la conclusión de que incluso cuando debes confrontar una decisión miope o una actuación pobre, es mucho más eficaz hacerlo dentro del contexto del elogio por lo que ha sido realizado bien, o al menos, por el compromiso que se ha hecho. Decir que la expresión «Aquellos que pueden lo hacen y aquellos que no pueden enseñan» ha estado clavada en mi mente durante los últimos días sería quedarse corto.

«Los días que nos hacen felices nos hacen sabios», leí somnoliento en el periódico de esta mañana. Todos damos lo mejor cuando nos sentimos bien con nosotros mismos; y nos sentimos bien con nosotros mismos cuando nos dicen que estamos haciendo un buen trabajo. Los elogios ayudan a la gente a reconocer y mejorar lo que pueden hacer, así como a trabajar de un modo más arduo para superar sus debilidades. Esa es la razón por la que el elogio es la herramienta milagrosa.

Mao Tse Tung, el antiguo líder chino, dijo en una ocasión: «El poder nace a punta de fusil». En lo que a él se refería, el temor era la manera más confiable de asegurarse de obtener lo que deseaba de la gente. Ellos harían cualquier cosa que les dijeran si estaban lo suficiente asustados por las consecuencias de no hacerlo. Sin embargo, recuerdo que Martin Luther

King, otro líder mundial, tenía un enfoque muy diferente. Él le llamaba al amor «el poder más imperecedero del mundo». El problema para mí no es que no pueda tomar una decisión sobre quién y a qué creer. Es solo que estar comprometido con el principio no es la misma cosa que ser constante en cuanto a la práctica.

Así como una flor florece cuando la riegas lo suficiente y muere cuando no lo haces, del mismo modo la autoconfianza de una persona florecerá cuando la elogies y se marchitará cuando no lo hagas. Los expertos le llaman a esto la Ley del Refuerzo: «El comportamiento que alcanza consecuencias deseables se repetirá». A todos nos gusta sentirnos valorados y apreciados. Así que si me elogias cuando hago algo bien, será más probable que lo haga de nuevo. Y si me alabas por hacer todo mi esfuerzo, lo intentaré tan arduamente, sino más, en el futuro.

> La autoconfianza de una persona florecerá cuando la elogies.

Un hombre sabio que respondía al nombre de John Wooden indicó una vez: «No puedes permitir que los elogios o la crítica te alcancen. Es una debilidad permitirte estar atrapado en cualquiera de ellos». Por supuesto, él está en lo correcto, pero todavía tengo que conocer a la persona lo suficiente segura de sí misma y madura como para no prestarles atención.

Así que, cuando vi a mi amigo de nuevo temprano esta mañana, me las arreglé para reunir el coraje y disculparme por mi comportamiento del otro día y mi poco entusiasta respuesta a su idea. Le dije que su arduo trabajo, su energía y su compromiso permanente eran un ejemplo no solo para mí, sino para muchos otros en Church.co.uk. Me agradeció y procedió a preguntarme qué consejo le podría dar sobre su sugerencia y cuál pensaba que sería el camino más prudente a seguir, ya que él estaba dispuesto a aprender de mí y a continuar con el trabajo. ¡Si tan solo lo hubiera hecho de esta forma desde el principio! Los expertos tienen razón: el elogio es la herramienta milagrosa.

Haz que lo importante sea lo importante

«El mundo está cambiado. Lo siento en el agua. Lo siento en la tierra. Lo percibo en el aire», anunció Galadriel el elfo en el prólogo de la adaptación cinematográfica de la obra de Tolkien, *La comunidad del anillo*. Aquí en Church.co.uk también son tiempos de cambio. Resulta inquietante, pero puedo sentirlo.

Hace unos años, tuve la oportunidad de pasar un día con el Dr. Billy Graham en Nueva York. La mayor parte de ese día transcurrió en la habitación de un hotel conversando. Hacia el final de nuestro tiempo juntos, le pregunté si había una pieza de sabiduría, superior a todas las demás, que a él le gustaría entregarme como legado. Estábamos sentados uno frente al otro en grandes sillones. Él lo pensó por un momento, luego se inclinó hacia delante, y susurró: «La vida pasa rápidamente». Mi expresión facial debió haber dado a entender que estaba esperando algo más, porque me miró y solo repitió las mismas palabras: «La vida pasa rápidamente», antes de añadir, «mucho más rápido de lo que esperas».

«Lo importante es hacer que lo importante sea lo importante», dice el dicho. Y debido a que creo en lo que Billy Graham señaló, deseo vivir los años que me quedan «a propósito», sin importar cuántos o cuán pocos sean.

Era una tarde de verano, el 28 de agosto de 1963, y una multitud de alrededor de un cuarto de millón de personas se había reunido en Washington D.C. mientras Martin Luther King Jr. se paraba en las escaleras del Monumento a Lincoln. En aquel día daría lo que se llegaría a conocer como el discurso más grande de su vida; un discurso cuyo texto está ahora disponible en innumerables tarjetas e interminables libros; al que según Google se ha hecho referencia siete millones ochocientas mil veces en la Internet. Un discurso que, sin lugar a dudas, es el más recordado del siglo veinte.

> «La vida pasa rápidamente... mucho más rápido de lo que esperas».
> – Billy Graham

«Yo tengo un sueño», exclamó King. No obstante, estoy convencido de que en ese, su momento más grande, él se subestimaba. He estado en el mundo lo suficiente para saber que toda persona sueña. En realidad, vivimos en un mundo repleto de soñadores. Sin embargo, los sueños son baratos no cuestan nada y se acaban pronto. Muy a menudo se evaporan al quemarse en el calor abrasador de la realidad, así como el rocío se evapora con el cálido sol.

A lo largo de los años he conocido a incontables soñadores. Jóvenes y viejos, hombres y mujeres, ricos y pobres, vienen en toda clase de formas y tamaños, edades y apariencias. Con todo, Martin Luther King no era uno de ellos… él era un visionario.

Las ideas de un soñador emergen, luego se disuelven y desaparecen; las ideas de un visionario permanecen. Las ideas de un visionario brotan de la cabeza de su propietario, pasan a sus brazos, luego a sus manos, dedos, piernas y pies. Las ideas de un visionario lo mueven, lo conducen, lo motivan y lo inspiran. Las ideas de un visionario lo despiertan temprano en la mañana, lo mantienen despierto hasta tarde en la noche y lo dejan luchando, preocupado, trabajando y orando hasta que se hayan cumplido. Mientras un sueño favorece al soñador, una visión duele. La visión demanda un enfoque láser, una determinación obstinada y una dedicación férrea; o para decirlo de manera diferente, la visión implica trabajar para «mantener lo importante como lo importante».

Las ideas de un soñador emergen, luego se disuelven y desaparecen; las ideas de un visionario permanecen.

Así que, ¿cuál es mi visión? ¿Qué es lo que anhelo alcanzar? Tengo pasión por brindarles una transformación espiritual, social, emocional, física y ambiental a los marginados. Quiero ver tanto a los individuos como a todas las comunidades liberados por la esperanza. Deseo ayudar a la gente a descubrir una relación con Cristo que les cambie la vida. En los años que me quedan, anhelo lograr un máximo impacto una máxima influencia, e implementar iglesias integrales que sean fuertes, eficaces y robustas.

Estoy comprometido, junto al resto del equipo de Oasis, a plantar y sustentar una red de iglesias Church.co.uk en áreas urbanas estratégicas. Sin embargo, el problema es que no podemos hacer eso y mantener las cosas de la manera en que están ahora. Tengo miedo; todos estamos asustados; pero el crecimiento implica desafío y cambio… y ambos son incómodos.

Así que después de dos años y medio de trabajar para desarrollar Church.co.uk, Waterloo, me estoy haciendo a un lado como ministro principal y delegándole esta función a mi amigo Dave, que forma parte en la actualidad de nuestro equipo de trabajo. Y entonces seré comisionado como el líder de la red Church.co.uk.

Este cambio de roles significa que Dave estará tomando a su cargo la responsabilidad de liderar el futuro desarrollo de la congregación aquí en Waterloo. Por mi parte, dedicaré el tiempo necesario para supervisarlo a medida que él toma las riendas, así como también para lanzar y desarrollar otras iglesias Church.co.uk. Es un enorme desafío. Será un gran despliegue tanto para mí como para todos nosotros, pero la fe es una jornada dinámica y no una doctrina muerta, y nosotros no queremos volvernos autocomplacientes. Nos sentimos intimidados, pero estamos determinados a no distraernos.

Mi oración es: «Señor, otórgame la visión para ver, a fe para creer; y el coraje para hacerlo». O tal vez: «La vida pasa rápidamente, así que ayúdanos a mantener lo importante como lo importante».

lección 19

La gente sigue a la gente, no a principios despersonalizados

«Nunca te sobreestimes», solía advertirme mi madre. Bueno, hace poco me presentaron como «Steve Chalke, el líder de la red Church.co.uk». Aunque técnicamente esto es acertado, tan impresionante título es más bien desorientador debido al hecho de que pasa por alto un detalle muy importante: la red que yo lidero consiste de solo una iglesia. ¡Soy, sin lugar a dudas, el líder de la red de iglesias más pequeña en el universo!

Tomar la decisión de trabajar hacia el desarrollo de una red de iglesias que según planificamos sean iglesias de trescientos sesenta grados, comunidades centradas en Cristo cuya misión es llevar una regeneración integral a la vida y bienestar a los individuos, así como también a todos los vecindarios es una cosa, lograrlo resulta algo diferente por completo.

Yo sé que en el nivel inicial mi responsabilidad es simplemente dar el primer paso de fe. Ni yo ni nadie más en Oasis es capaz de ver toda la escalera antes de comenzar a subir. Sin embargo, dicho eso (y cambiando la metáfora solo un poco), si comienzas una caminata de mil seiscientos kilómetros, desplazándote solo un par de grados fuera de tu verdadero curso, para cuando hayas recorrido toda la distancia estarás destinado a terminar muchos kilómetros más alejado de tu destino real. Los errores aumentan de tamaño.

En realidad, le pedí a un amigo mío con mentalidad matemática que calculara cuántos kilómetros estaría fuera de rumbo en una caminata de mil seiscientos kilómetros si la comienzo un par de grados fuera de curso. Una vez que presionó toda clase de números en la calculadora de su teléfono, enfáticamente anunció: «55,87». Así que si mi existencia hasta este punto ha sido un intenso curso de entrenamiento para el camino que está por delante, ¿qué me ha enseñado mi vida que me ayudará a emprender con precisión la siguiente parte de la jornada: plantar nuevas iglesias en comunidades marginales?

Los errores aumentan de tamaño.

Una de las cosas más importantes que he aprendido a lo largo de los años es que en la vida de iglesia, así como en cualquier otro ámbito, al final la calidad del liderazgo es la clave de todo lo demás. La gente sigue a la gente, no a principios despersonalizados. El pueblo de Israel siguió a Moisés escapando de la esclavitud, no solo al concepto de la libertad. Generaciones más tarde, fue Nehemías el que los inspiró a reconstruir los muros de Jerusalén, no solo la idea del honor nacional.

> El pueblo de Israel siguió a Moisés escapando de la esclavitud, no solo al concepto de la libertad.

Hace algún tiempo, un amigo mío me habló de una profecía que acababa de escuchar de un miembro de su iglesia local. «El Señor ha dejado de usar a las personalidades», en su lugar ha «elegido hacer algo nuevo». Él me preguntó cuál era mi reacción ante este impactante anuncio del Todopoderoso. Dejé claro que si Dios estaba planificando dar ese giro, representaría un rompimiento importante con su método operativo elegido no solo para todo el período bíblico, sino también para la historia subsiguiente de la iglesia hasta la actualidad. Desde Gedeón a Gumble, Natán a Nightingale, Pedro a Pullinger, Timoteo a Tyndale y Pablo a Pilavachi, Dios siempre ha usado a las personalidades para liderar y pienso que siempre lo hará.

En el corazón de la edificación de la red Church.co.uk se halla la tarea de buscar y entrenar líderes fuertes. No obstante, incluso los mejores líderes no pueden funcionar si no se les otorga autoridad genuina o espacio para avanzar con su trabajo. Crecí en iglesias bautistas, en medio de historias de ministros que fueron intimidados y manipulados por organistas obstinados, diáconos dementes y miembros militantes. Es bueno que Dios haya creado el arco iris sin tener que consultar a una asamblea de miembros de iglesia, en caso contrario, todavía estaría luchando por definir los colores. Aunque un líder sabio siempre escucha y reflexiona sobre las perspectivas y opiniones de una amplia variedad de personas, una iglesia fuerte no es una democracia. Con la responsabilidad del liderazgo, debe entregarse la autoridad para liderar.

Sin embargo, he comprendido que al final las iglesias sufren cuando a sus líderes se les permite obviar su obligación de rendir cuentas. Si el mayor problema de algunas iglesias es que sientes que debes pararte a gritar: «¿Podría alguien cualquiera, por favor, liderarnos hacia alguna parte?», en otras el problema es exactamente lo contrario. «¡Yo soy responsable ante Dios!» no es más que una variación espiritual de: «Yo hago lo que me parece, así que no se atrevan a desafiarme».

Allá en 1631, John Donne, el entonces deán de la Catedral de St. Paul, escribió: «Ningún hombre es una isla entera por sí mismo. Cada hombre es una pieza del continente, una parte del todo». No obstante, la mejor parte de todo es que cuatrocientos años más tarde demasiado a menudo sus palabras no son tomadas en cuenta. Si junto a la responsabilidad del liderazgo debe hallarse la autoridad y la libertad para dirigir, con esa autoridad debe también existir un sistema que asegure líneas genuinas y bien definidas de responsabilidad.

Así que, ¿de qué manera puedo mantener a nuestros líderes responsables, desafiarlos y hacerles preguntas difíciles, y al mismo tiempo motivarlos, entrenarlos y afirmarlos? ¿Cómo voy a supervisar su desarrollo personal, monitorear su desempeño y al mismo tiempo darles espacio para que sean ellos mismos? Y por último la pregunta más importante de todas: Si es verdad que la gente sigue a la gente y no a principios despersonalizados y yo soy el líder de esta incipiente red, ¿cómo me aseguraré de continuar siendo responsable también?

lección 20

La inclusión nunca exige conformidad

Un encuentro deprimente… así le llamaría yo a la conversación en la que me encontré luego del servicio de ayer por la mañana. Si soy franco, la pude ver venir en cuanto lo vi entrar por la puerta. Todo en referencia a este más bien severo hombre de mediana edad —desde la seria expresión en su rostro hasta la llamativa elección de su indumentaria— trasmitió al instante sus intenciones. No mucho después de que las palabras de mi oración de clausura salieran de mis labios mis peores sospechas fueron confirmadas. Nuestro visitante ataviado con su ropa de lana, que hasta ese momento estaba sentado en la parte trasera del edificio agarrando con firmeza una enorme Biblia y un cuaderno en el cual garabateaba furiosamente a lo largo de mi sermón, caminó hacia mí armado de una expresión de inquisidora indignación. Fue una imagen atemorizante, algo parecido al asalto de una clase de conquistador de los últimos días.

> «El Señor me ha enviado ante ti con un mensaje de juicio...»

Mientras hablábamos, o para ser más precisos, mientras lo escuchaba, él dejó en claro que estaba haciendo esta «visita especial» con el fin de «sopesar» nuestra teología. «El Señor me ha enviado ante ti con un mensaje de juicio», anunció. «Él quiere que te arrepientas y te vuelvas a él». Era obvio que el proceso evaluativo ya había sido llevado a cabo y no nos había ido bien.

El corazón de nuestra rebelión, dijo él, había quedado en evidencia cuando expuse los cinco valores centrales, alrededor de los cuales estamos considerando construir la red de las nuevas iglesias Church.co.uk. Como parte de mi sermón, había explicado lo que nosotros consideramos son las cinco «*i*» de una «iglesia inteligente»: intimidad, involucramiento, influencia, interdependencia e inclusión. Probablemente, como ya había supuesto, fue el último punto el que se refiere a la inclusión el que en realidad le había molestado. «Serviremos y respetaremos a toda la gente, sin importar su género, estado civil, raza, origen étnico, religión, edad, orientación sexual o capacidad física y mental», había dicho yo.

«Lo que ustedes están haciendo es una desgracia, la iglesia está llamada a mantener los estándares santos», vociferó a manera de conclusión. Luego, dándome la espalda, salió con el mismo gran sentido de propósito con el que había llegado en primer lugar. Podría jurar que pude verlo intentar sacudir el polvo de sus zapatos cuando salió, o tal vez simplemente se trataba de la extraña manera en que sus sandalias abiertas le obligaban a caminar.

¿Por qué será que solo se me ocurren esas respuestas perspicaces de una línea cuando es demasiado tarde? He repasado los pocos minutos que pasé en presencia de mi autodenominado juez unas cien veces en las últimas veinticuatro horas he ideado una variedad de cortantes réplicas que, si las hubiera hecho a tiempo, lo habrían enterrado. Al reflexionar al respecto, tal vez sea una cosa buena que resulte más lento de lo que me gustaría ser.

La inclusión nunca exige conformidad. Un acuerdo no implica aceptación. Me parece que para Jesús este era un principio fundamental en todo su enfoque de la vida. Y es probable que el mayor ejemplo de ello sea su relación con Judas. Judas compartió con Jesús algunos de sus momentos más íntimos; él fue uno de los miembros de su comunidad inseparable de doce discípulos. Para cualquiera que observara desde afuera su relación con Jesús, esta hubiera parecido, por lo menos en la superficie, en extremo cercana. Sin embargo, al hurgar un poco más profundo, pronto descubrirás que Judas estaba alejándose de Jesús en lugar de acercarse a él. No obstante, aunque estaba viajando en la dirección equivocada, los Evangelios no hacen ni la más mínima sugerencia de que desconfiaran de él o lo trataran con desigualdad. En realidad, él fue incluido por Jesús tanto como los otros discípulos. Que al final traicionara a su mentor por un puñado de monedas no parece haber limitado su relación con Jesús antes de este suceso. Aunque a la larga Judas optó por terminar su relación con su Maestro, fue él quien debió tomar esa decisión. Aun más, al parecer Jesús, de manera intencional, dejó la puerta abierta para Judas todo el tiempo que le fue posible. Resulta extraordinario que Jesús incluso decidiera lavar los pies de su detractor y compartir una comida con él a último momento en lugar de rechazarlo.

De modo paradójico, el visitante de ayer estaba en lo correcto. La iglesia debe «mantener los estándares santos». Sin embargo, la pregunta más profunda es esta: «¿Cuáles son los estándares de Dios? Hace unos pocos años escuché a un muy conocido predicador decir: «Nuestro error más grande es que hemos sido dogmáticos con relación a aquello por lo que debimos haber sido agnósticos, y agnósticos en cuanto a aquello por lo que debimos haber sido dogmáticos.

> Al parecer Jesús, de manera intencional, dejó la puerta abierta para Judas todo el tiempo que le fue posible.

Estoy convencido de que el estándar al cual estamos llamados a aferrarnos más allá de cualquier otro es a aquel referente a la gracia. ¿Acaso lo que estamos haciendo es una desgracia? Creo que la falta de inclusión es literalmente una «des-gracia». La iglesia está llamada a modelar el fenómeno de una aceptación no merecida. Para decirlo sencillamente, nuestra tarea consiste en ser la indiscutible prueba de que Dios es amor.

Nosotros deseamos construir iglesias que sean inclusivas y les den la bienvenida a todos. Iglesias en las que estés dentro hasta que te hagas notar, en lugar de iglesias en las que estés fuera hasta que irrumpas. Esto implica que las iglesias de Church.co.uk serán desordenadas, Waterloo ya lo es. ¿Por qué? Porque el desorden es una consecuencia de la inclusión. En realidad, cuando una iglesia local elige abrirse al exterior y darle la bienvenida a todos, de modo automático se volverá más desordenada de lo que era antes, es algo inevitable. Si tomamos a Jesús como nuestro modelo e invertimos en las vidas de otros como él lo hizo, nuestras iglesias nunca serán pulcras, ordenadas o prolijas otra vez. El solo hecho de la inclusión determina necesariamente que nuestras iglesias estarán comprometidas con una diversidad de gente que se hallan en diferentes instancias en la jornada de la fe. Ellos no creerán las mismas cosas. No tendrán los mismos valores. No se comportarán de una forma consecuente.

> «Si buscas algo ordenado, tranquilo y prolijo, el cementerio es tu única opción».

Una vez escuché a un anciano decir: «Si buscas algo ordenado, tranquilo y prolijo, el cementerio es tu única opción». Pienso que él probablemente tenía la razón.

Nada es tan simple que no pueda ser malentendido

lección 21

«Debe haber una manera de ser pobre menos miserable que esta», le escuché quejarse hace poco a un líder de iglesia. Sus palabras resonaban dentro de mí. Sentía su dolor. Lo comprendí. Me identifiqué con él. Y su triste pero cómica frase ha permanecido en mi cabeza desde entonces. Así que, aunque probablemente no debería, me voy a permitir uno o dos minutos. Tengo algunas cosas que debo sacar de mi pecho, y espero que escribirlas de alguna manera pruebe ser catártico.

Unas personas con las que paso mucho tiempo trabajando muy duro a fin de ayudarles se quejaron y dijeron sentirse desacreditados por mí. Media hora más tarde, otro amigo señaló de modo casual que él ve en mí a un sujeto con buenas destrezas para la gente, pero que simplemente está demasiado ocupado para usarlas. Eso fue algo hábil; la madre de todos los cumplidos ambiguos y la gota que finalmente colmó el vaso. Estoy cansado. Estoy muy ocupado. Estoy harto. Trabajo en exceso. Estoy exhausto. Me siento exasperado. Me siento abrumado y subestimado. Me parece que nada de lo que hago es tan simple que no pueda ser malentendido. ¿Estoy condenado a pasar mi vida trabajando hasta el agotamiento para que la gente pretenda a mis espaldas malinterpretar mis motivos, mis acciones y sin dudas mi carácter?

Leer los dos últimos párrafos de nuevo resulta impactante. Me doy cuenta de que equivalen a una de esas cartas o correos electrónicos que en ocasiones puedes escribir, pero nunca envías. Plasmar en el papel mis pensamientos puede haber sido catártico, pero leerlos una vez más es horroroso. Sin embargo, lo que mis escritos me dicen con claridad es que estoy mal. En realidad, tal vez me estoy volviendo un poco paranoico.

> Otro amigo… ve en mí a un sujeto con buenas destrezas para la gente, pero que simplemente está demasiado ocupado para usarlas.

Cuando termino sintiéndome de esta manera, pienso una vez más en la historia de Jesús que Juan 13 registra. Para mí este es uno de los pasajes más desafiantes en todo el Nuevo Testamento. Juan explica que Jesús hizo una cosa extraordinaria: lavó los malolientes y sudados pies de sus pendencieros, egoístas y a menudo desagradecidos amigos. Jesús, Dios encarnado, se arrodilló en un piso de tierra y lavó doce pares de mugrientos pies, incluyendo el par que pertenecía al hombre que sabía le traicionaría en pocas horas. ¿De dónde obtuvo la fortaleza para hacer eso? La respuesta de Juan, contenida en el versículo 3, es enfática: «Sabía Jesús que el Padre había puesto todas las cosas bajo su dominio, y que había salido de Dios y a él volvía». La habilidad de Jesús para servir a sus discípulos al lavar sus pies brotó de su fortaleza interior. Él sabía quién era y a dónde estaba yendo. El comportamiento de Jesús era simplemente el resultado de su sentido interno de seguridad.

En cualquier situación, mientras más seguro estoy dentro de mí, más relajado y generoso encuentro que puedo ser. Es cuando me siento inseguro que tiendo a reaccionar peleando en lugar de amando. Lisa Marie Presley, la hija de Elvis, lo expresó de la siguiente manera: «Soy como un león. Rujo. Si alguien me traiciona, no seré una víctima. No me enfurruño, me enojo. E inmediatamente tomo represalias. Pero esto siempre proviene de la inseguridad o el dolor».

Los arrebatos agresivos y las palabras duras son invariablemente síntomas de inseguridad, productos de la falta de fortaleza interior. El presidente estadounidense Jimmy Carter comentó en una ocasión: «Una persona fuerte puede darse el lujo de ser gentil y moderada. Una persona débil es la que debe vociferar y presumir». O, como la vida poco a poco me ha enseñado, nada es tan simple que no pueda ser malentendido. Una persona cansada o herida puede ser lastimada con facilidad y también puede fácilmente lastimar a otros.

«No te quejes, no expliques», fue un gran consejo que me dio un buen amigo mío cuando busqué su opinión luego de escuchar lo que consideré eran comentarios descorteses o injustos sobre mí. «Serás malinterpretado y malentendido», añadió, «pero no pierdas tu tiempo y energía emocional luchando contra ello, simplemente sonríe y sigue adelante». Sabio consejo, aunque por desdicha depende de un nivel de madurez y fortaleza interior que muy a menudo parece eludirme.

> Una persona cansada o herida puede ser lastimada con facilidad y también puede fácilmente lastimar a otros.

Al mirar hacia atrás, debo confesar que sé exactamente lo que mi amigo (aquel que hizo el comentario sobre mi ocupación interponiéndose en el camino de mis destrezas con la gente) quería decir, y me doy cuenta de que se sentiría horrorizado si alguna vez lee mi diario y ve la forma en que me las arreglé para malinterpretar y confundir sus palabras. Lo que es más, sé que él está en lo correcto, a menudo estoy demasiado ocupado para detenerme y usar mis destrezas con la gente. Sin embargo, lo más patético, la única razón por la que saqué conclusiones equivocadas con relación a este comentario es que, en primer lugar, nada es tan simple que no pueda ser malentendido, en especial por alguien tan propenso a la inseguridad como yo.

lección 22

Los seguidores esperan respuestas fáciles, los líderes saben que no las hay

Me encontraba mirando un programa de televisión que me informó que, de acuerdo a la Segunda Ley de la Termodinámica, en un sistema cerrado la naturaleza tiende a ir del orden al desorden: «La entropía de un sistema aislado fuera de equilibrio tendrá la tendencia a aumentar con el tiempo en la medida en que se acerque al máximo valor». Estaba tan impresionado que lo escribí. Nunca fui muy bueno en física, pero dejando a un lado la ciencia, todo este asunto de la «entropía» podría ser rebautizado como la Segunda Ley de la Dinámica de la Iglesia. La entropía sencillamente describe el inevitable y constante deterioro de cualquier sistema, sociedad, organización o iglesia, sin un constante suministro de aportes externos (nuevas ideas y cambios).

Asistí a un grupo que conformamos para observar algunos de los grandes desafíos y cambios que estaremos enfrentando aquí en Church.co.uk. En lugar de obtener claridad, nuestra conversación logró lo opuesto. En lo único que los presentes pudimos coincidir fue en que la manera en que las cosas habían sucedido estaba llegando con rapidez a su final. Mientras más hablaba el grupo, más complejos y complicados parecían volverse los asuntos y decisiones que estábamos enfrentando. «Todo esto es un relajo», vociferó alguien. «Vamos a consolidarnos antes de continuar de esta manera».

Para ser franco, cuando miré alrededor de la habitación, todo lo que pude ver fue decisiones difíciles. El camino hacia adelante siempre es difícil. Está lleno de grandes riesgos, pero de modo irónico, como todos reconocemos en nuestros mejores momentos, el mayor riesgo de todos es no arriesgar nada. Traté de ayudar con la discusión sugiriendo que aunque pensaba que no era posible ver con claridad todavía, si teníamos el coraje de seguir adelante, con el solo acto de hacerlo lentamente lo lograríamos, tal vez en algún momento durante los siguientes meses. Alguien más estuvo de acuerdo, pero luego, con una sonrisa, añadí que incluso entonces eso solo duraría unas pocas semanas antes de que nos encontráramos inmersos en un nuevo paquete de desafíos y opciones. Estuvieron de acuerdo, por supuesto. El dolor de la incertidumbre constante está sobreentendido; la única cuestión es si el dolor proviene de crecer o de morir.

El camino hacia adelante siempre es difícil.

El futuro no nos ofrece seguridad ni garantía ante la posibilidad de que nos volvamos obsoletos o irrelevantes. Tengo un buen amigo que es un alto ejecutivo en el distrito financiero de Londres. Recuerdo que me contó que de modo habitual le dice lo siguiente a su personal: «No les puedo garantizar un trabajo para el año que viene. No hay garantías para nadie. Sin embargo, lo que puedo prometerles es esto: si trabajamos duro, somos flexibles y estamos listos a acepar el cambio constante, juntos podremos hacer lo mejor para asegurarnos de tener un lugar en el nuevo mundo que está siempre naciendo». Alvin Toffler lo resumió cuando dijo: «Los analfabetos del siglo veintiuno no serán aquellos que no sepan leer y escribir, sino los que no puedan aprender, desaprender y volver a aprender».

El llamado a consolidarnos suena lo suficiente plausible: «Dennos un minuto para tomar aliento, reflexionar y reagruparnos». El problema es que en la realidad esto a menudo resulta ser algo más que un intento de escapar a las difíciles preguntas de un siempre cambiante mundo; un intento de ocultar, consciente o inconscientemente, el deseo de consuelo y estabilidad. Nuestras ansias de la valentía, las agallas y los nervios que se requieren para dar un paso hacia lo desconocido son enormes. La mayor parte de nosotros somos conservadores de corazón. La consolidación el desarrollo de la fortaleza y los recursos apropiados para continuar con la tarea es vital, pero demasiado a menudo se vuelve una excusa para quitar el pie del acelerador o, cambiando la metáfora, meter nuestras cabezas en la arena y «jugar a ser avestruces». Una consolidación exitosa en realidad tiene que ver con mantener el impulso para avanzar, encontrando la mejor manera de alcanzar, dar forma y asegurar los nuevos recursos necesarios para el crecimiento futuro. He aprendido poco a poco que el verdadero proceso de correr riesgos, de vencer al gigante que enfrentas, es sin lugar a dudas la manera más eficaz de desenredar y clarificar los temas involucrados.

¿Por qué esto es así? Porque en un sistema cerrado la naturaleza tiende a ir del orden al desorden. Sin un constante suministro de aportes externos, nuevas ideas y cambios, la entropía inevitablemente se establece. La consolidación no es una excusa para el estancamiento.

«La supervivencia del cristianismo en Europa y América depende del surgimiento de hombres y mujeres capaces de idear nuevos pensamientos y divisar nuevas estrategias en las fronteras reales de la misión actual», escribe David Smith en su libro *Mission After Christendom* [Misión después del mundo cristiano]. No obstante, él continúa explicando que dichas personas «tienen facilidad para enfrentar los malentendidos, las críticas y una seria oposición. Al igual que … generaciones de misioneros pioneros y guiados por el Espíritu antes de ellos, aquellos que están listos para enfrentar el desafío impuesto por la cultura occidental no deberían sorprenderse si son acusados de no ser ortodoxos, incluso de herejía, o son verbalmente atacados por personas que interpretan su visión misionera como algo que probablemente pueda minar la pureza moral y la integridad de la iglesia de Jesucristo».

El gran astrofísico Albert Einstein dijo: «La clase de pensamiento que resolverá los problemas del mundo será diferente al tipo de pensamiento que creó esos problemas en primera instancia». O para decirlo de una forma diferente, los seguidores esperan respuestas fáciles, los líderes saben que no las hay.

«La clase de pensamiento que resolverá los problemas del mundo será diferente al tipo de pensamiento que creó esos problemas en primera instancia».
– Albert Einstein

No hay progreso sin proceso

lección 23

«He dado órdenes de que se me despierte en cualquier momento en caso de emergencia nacional, incluso si estoy en una reunión del gabinete», bromeó en una ocasión el presidente Ronald Reagan. Puedo identificarme con eso. Soy alérgico a la letra pequeña, las hojas de cálculo y los reportes mensuales. Si paso mucho tiempo en reuniones, comienzo a sofocarme. Demasiados detalles me aburren. Soy un pensador a gran escala: lo mío es eso de innovar, tener ideas, pintar con brochazos amplios, soñar, tener visiones. Necesito salir afuera, conocer gente, establecer y explorar nuevas posibilidades.

Sin embargo, esta inclinación personal tiene sus debilidades. La visión es esencial, pero nunca suficiente. Si en realidad deseas hacer un progreso verdadero, encuentra a alguien que pueda procesar. Personas en quien confíes y sepan enfrentar el detalle… y encuéntralas rápido. Eso es algo que dejé en claro en una reunión con relación al camino que tenemos por delante al trabajar en el desarrollo de la red de iglesias de Church.co.uk.

No hay progreso sin proceso: esta es una lección que aprendí durante una crisis que casi destruyó a Oasis (organización de la cual Church.co.uk es parte) a mediados de los ochenta. En los primeros días, la vida para un pequeño equipo que creció a mi alrededor era emocionante (¡por no decir un poco agotadora!). Sabíamos a dónde íbamos y crecíamos con rapidez. No obstante, a los pocos años, con alrededor de diez personas en la nómina, comenzamos a tener serios problemas. Las cosas habían cambiado: mis colegas no estaban tan motivados como en una ocasión lo estuvieron, y las relaciones estaban poniéndose un poco tirantes y tensas. Nos manteníamos caminando con dificultad en lugar de ir corriendo.

> La visión es esencial, pero nunca suficiente.

Todo esto me vino a la cabeza mientras estaba dando una conferencia sobre el liderazgo. De modo irónico, me habían invitado a hablar sobre cómo hacer crecer a una organización saludable. Sacando provecho de estar rodeado de conferencistas que en realidad saben de lo que están hablando, aproveché la oportunidad para confiar en uno de ellos. «Soy un fraude», expliqué. «Oasis es historia. Ha sido bueno, pero terminó. Luego de un impresionante inicio, de alguna forma perdimos el camino. Simplemente ya no funciona. Hemos orado por esto e incluso ayunado.

Sin embargo, estamos acabados. Sencillamente ya no tengo lo que se requiere para hacer el trabajo».

Al instante me arrepentí de haber hecho esta confesión. De repente este sujeto me miró más como a un delator que como a un confidente. Estaba seguro de que para el día siguiente toda la conferencia sabría mi secreto, y como para dar paso a mis peores temores, buscó en su bolsa, sacó una Biblia y comenzó a leérmela. Recuerdo haber pensado: «Esto es todo, el sermón privado antes de la humillación pública». La historia que me leyó pertenecía a Hechos 6. Cuando terminó, hizo una pausa con toda intención, me miró a los ojos y preguntó: «¿Comprendes?» Debe haber quedado claro por la expresión en blanco de mi rostro que no había entendido nada en lo absoluto. Así que él me explicó su punto y lo que dijo causó tal impacto en mí que puedo recordarlo hasta la fecha.

La historia de Hechos trata acerca de cómo la iglesia de Jerusalén estaba creciendo rápidamente, pero a medida que crecía, algunos de sus miembros empezaron a quejarse porque «sus viudas eran desatendidas en la distribución diaria de los alimentos». «Así que», me preguntó mi recién encontrado mentor, «¿qué hicieron los apóstoles? ¿Acaso el texto dice que oraron? No. ¿Nos menciona que ayunaron por este asunto? No. ¿Se azotaron? ¿Se arrepintieron? ¿Se retiraron por esto? No. El texto afirma que reunieron a la iglesia, eligieron a siete hombres que eran "de buena reputación, llenos del Espíritu y de sabiduría" y establecieron en público su compromiso de "encargarles esta responsabilidad"».

«Los apóstoles comprendieron que su problema no era espiritual», sonrió mi amigo, «sino administrativo. Como líderes, reconocieron que necesitaban una ayuda sabia y confiable para manejar el problema y eliminar la presión sobre ellos. Y el resultado de tener el coraje para tratar con este recurso fue que, como la historia concluye, "la palabra de Dios se difundía: el número de los discípulos aumentaba considerablemente en Jerusalén"».

«Los apóstoles comprendieron que su problema no era espiritual... sino administrativo».

Fue como si de pronto se encendiera una luz en mi cabeza. Ese era mi problema: Oasis había crecido rápido y toda la creciente responsabilidad, no solo por la dirección total, sino en gran parte por los detalles, estaba descansando sobre mí.

Los términos *liderazgo* y *administración* se usan a menudo indistintamente, pero en realidad describen dos diferentes tipos de responsabilidades, lo cual implica que los buenos líderes no son necesariamente buenos administradores y viceversa. La función esencial de un líder es establecer una nueva dirección y definir el avance. La tarea de un administrador es organizar los recursos (incluyendo a la gente) de acuerdo a los principios y valores que ya hayan sido establecidos con el fin de afianzarlos. Por lo tanto, mientras que un liderazgo sin administración de modo inevitable imposibilita a una organización, tensionándola en exceso e incluso haciéndola explotar, la administración sin liderazgo tal vez la haga colapsar por sí misma, destruyéndola por medio de una implosión.

Esta revelación representó una revolución para mí, razón por la cual muchos años después la primera persona que designé para trabajar conmigo en Church.co.uk no fue un ministro asistente, un líder de jóvenes, un pastor de visitación, un evangelista o un trabajador comunitario, sino un administrador que permitiera tener las cosas (¡incluyéndome a mí!) organizadas. Y es por eso que, continuando con nuestra reunión de «progreso», estoy feliz de decir que tomamos la decisión sabia de encontrar un buen administrador para la red Church.co.uk tan rápido como fuera posible.

No puedes hacer aquello que no puedes imaginar

lección 24

«La gente más tonta del mundo», leí en una revista dominical, «es aquella que está segura de que lo sabe todo. Su certeza no solo los enfrenta a unos contra otros, sino lo que es peor, evita que aprendan cualquier cosa nueva. ¡Estas personas son por definición verdaderamente ignorantes!» Tal declaración nos da algo en qué pensar.

En el día de hoy habíamos tenido otra de nuestras ahora habituales reuniones sobre el desarrollo de la red Church.co.uk. Nuestro objetivo es iniciar cuatro nuevas iglesias Church.co.uk durante los siguientes dos años. Como parte de nuestra preparación para esto, durante los últimos dos meses hemos reclutado a un equipo de voluntarios para que nos ayuden a dirigir los proyectos y diseñado un curso de entrenamiento para ellos. Las grandes cuestiones que ahora enfrentamos están relacionadas con los detalles acerca de cómo la relación entre la red y las iglesias individuales funcionará a largo plazo. ¿Qué clase de liderazgo y estructuras de gobierno deberíamos desarrollar? ¿Cómo construimos un grupo de iglesias con un carácter distintivo en común, así como también con valores y estándares compartidos? ¿De qué manera podemos apoyar mejor a nuestros líderes locales, haciéndolos responsables ante nosotros y al mismo tiempo dándoles el espacio que necesitan para ser ellos mismos?

«Si no puedes imaginarlo, no puedes hacerlo», observó Albert Einstein. La más grande barrera para el desarrollo de cualquier proyecto, incluyendo (como lo estoy descubriendo) una red de iglesias, es la habilidad de su líder para pensar en nuevos caminos y ver las cosas de manera diferente.

«Nadie es lo suficiente tonto como para echar vino nuevo en odres viejos».

Esa es la razón por la que vivo con el temor de que mi imaginación, o para ser más exactos, la falta de ella, pueda terminar encasillando a nuestra incipiente red de iglesias según varias maneras de ser anticuadas, inapropiadas y de finales del siglo veinte, formadas más por el compendio de mis experiencias pasadas mezclado con mis prejuicios denominacionales que por un compromiso genuino con la cultura contemporánea basado en los principios bíblicos esenciales. Jesús una vez señaló: «Nadie es lo suficiente tonto como para echar vino nuevo en odres viejos». ¡Bueno, el problema es que tal vez yo sí lo sea!

Me guste o no, cualquier iglesia, organización caritativa o iniciativa que dirija siempre estará limitada por el tamaño, el ámbito y la flexibilidad de mi imaginación. Así que, mientras yo sea el líder de la Red Church.co.uk, seré el corcho en su botella.

Como para restregarme en la cara este inquietante pensamiento, mientras me encuentro sentado aquí escribiendo un envejecido hippie acaba de pasar frente a la ventana de mi estudio (una mezcla entre Bob Dylan y un profeta de los últimos tiempos del Antiguo Testamento) vestido con pantalones vaqueros, sandalias abiertas y una extremadamente llamativa camiseta roja que, con letras enormes, se ve adornada en su parte delantera con la frase: «Todo lo que sabes es un error».

> «La única cosa más cara que la educación es la ignorancia».
> – Benjamin Franklin

A menudo he pensado en el comentario de Benjamin Franklin: «La única cosa más cara que la educación es la ignorancia». ¿Por qué el hombre que administra la tienda de la esquina que frecuento y trabaja todo el tiempo bajo el sol nunca tiene éxito en el desarrollo de su negocio? ¿Por qué el sujeto que puso una tienda frente a la suya, alrededor de la misma época, ahora dirige una cadena de almacenes a lo largo de Londres y tiene más tiempo libre? ¿Por qué una iglesia siempre parece tener alrededor de la misma cantidad de gente comprometida aunque los líderes te estén diciendo cuán rápido está creciendo, mientras que otra se multiplica y expande genuinamente?

Miguel Ángel no fue el primer escultor al que se le encargó la tarea de trabajar en un enorme bloque de mármol que había sido extraído de los Alpes italianos. En 1464, Agostino Di Duccio había traído la roca gigante, pero al percatarse de su inestabilidad debido a la grieta que la atravesaba, pronto abandonó el proyecto de transformarla. Dos años más tarde, Antonio Rossellino retomó la obra donde Duccio la había dejado, pero a los pocos meses los problemas que el inmenso bloque de mármol representaba implicaron que una vez más fuera condenado a ser descartado, en esta ocasión por otros veinticinco años. No fue hasta el 16 de agosto de 1501 que Miguel Ángel asumió la sobrecogedora tarea de tres años de completar lo que en la actualidad se conoce como la escultura ícono más importante del mundo. «David», que retrata al famoso rey bíblico en el momento en que decidió batallar con Goliat, es sin lugar a dudas la más reconocida estatua en la historia del arte.

«Lo que realmente me mete en problemas no es lo que lo que no sé, sino aquello que estoy seguro de saber y sin embargo no es así».
– Mark Twain

Yo quiero ser un Miguel Ángel, no un Duccio

ni un Rossellino. ¿Qué le proporcionó a Miguel Ángel la habilidad de ver lo que para otros estaba oculto? ¿Cómo nutro mi imaginación con ese fin? ¿Cómo desarrollo mi creatividad? ¿Cómo alimento mi mente? ¿Cómo sigo aprendiendo, creciendo, exponiéndome a nuevos pensamientos e ideas? La ignorancia no es una dicha, es una debilidad.

Stephen Covey, el gurú del liderazgo, habló con mucho acierto acerca de los cuatro estados del aprendizaje de cualquier destreza: «Incompetencia inconsciente»; aquel feliz estado de total ignorancia, donde eres tan incompetente que ni siquiera te das cuenta de cuánto lo eres. «Incompetencia consciente»; comienza en ese momento deprimente en el que la verdad aparece y te das cuenta por primera vez de lo que no sabes y cuán encasillado estás. «Competencia consciente»; el doloroso proceso de luchar para obtener los conocimientos que no tenías. Y por último: «Competencia inconsciente»; el momento de júbilo en el que te das cuenta de que ahora estás tan familiarizado con aquello que en una ocasión no sabías que se ha vuelto una segunda naturaleza y lo haces de forma natural.

Lo que se ha hecho evidente para mí es que, en lo que se refiere a desarrollar una red de iglesias, Oasis y yo hemos alcanzado ese agonizante punto de la incompetencia consciente. «Es como una emocionante pesadilla», dijo uno de nuestros miembros la semana pasada. Él está en lo correcto, pero si le prestamos atención, este incómodo momento será nuestro amigo y no nuestro enemigo, pues sin él jamás seríamos capaces de reconocer nuestra necesidad de crecer. Mark Twain bromeó en una ocasión: «Lo que realmente me mete en problemas no es lo que no sé, sino aquello que estoy seguro de saber y sin embargo no es así».

Si no está roto, rómpelo

lección 25

«No actúes como un tonto». Esa fue la corta respuesta que recibí en una reunión mientras trataba de explicar por qué la idea que estaba poniendo en marcha no era un «sueño tan inverosímil e imposible» como para descartarlo. «No estoy *actuando* como tonto», protesté. «Yo *soy* tonto. Estoy tratando de *actuar* como alguien inteligente. Solo que no me sale muy bien». Todos se rieron, lo cual fue un alivio. No obstante, si soy sincero, mi humor estaba destinado a encubrir el hecho de que en secreto pensaba que estaba actuando de una manera bastante más inteligente que cualquier otra persona en la habitación.

> Los agentes de cambio son decididos y creativos. Ellos no pueden dejar de cuestionar la forma en que las cosas se dan.

«Dale un pescado a un hombre y lo alimentarás por un día. Enseña a un hombre a pescar y lo alimentarás para toda la vida». La verdad de ese famoso proverbio chino parece innegable. Sin embargo, como todo agente de cambio sabe, no es tan sencillo. Si uno simplemente enseña a alguien a pescar y termina ahí, todo lo que va a conseguir es agotar poco a poco la reserva de peces, provocando una «guerra del bacalao» y trayendo pobreza a largo plazo. La única solución sensible y sustentable es pensar de manera diferente —pensar de forma interdependiente y no independiente— para revolucionar la pesca, la agricultura, la distribución de los alimentos y las ventas industriales. Solo de esa manera todos tendremos garantizado un trabajo estable y un plato de comida saludable a diario.

«La mente humana», escribió el anatomista P. B. Medawar, «trata a una idea nueva del mismo modo que el cuerpo trata a una proteína extraña; la rechaza». Ese es el problema con ser un emprendedor: puede resultar muy solitario. Y en ocasiones no solo es tu idea la rechazada, sino que eres cancelado junto con ella.

Los agentes de cambio son decididos y creativos. Ellos no pueden dejar de cuestionar la forma en que las cosas se dan. Tienen la habilidad de identificar los problemas centrales antes que los demás y reconocer recursos donde los otros no los ven. De manera constante explotan nuevas oportunidades, pero lo que es más importante, fundamentalmente se rehúsan a rendirse en su trabajo de persuadir a comunidades enteras —e incluso a sociedades completas— para que adopten nuevos enfoques. Ellos comprenden la observación de Carlos Marx: «Los filósofos solo han interpretado el mundo de numerosas formas. Sin embargo, el punto es cambiarlo».

Un académico puede sentirse satisfecho cuando ha expresado una idea. Un gerente podría relajarse cuando ha logrado que su organización alcance su presupuesto. Sin embargo, un agente de cambio no descansará nunca hasta que él o ella haya cambiado la forma en que el mundo funciona.

> Un agente de cambio no descansará nunca hasta que él o ella haya cambiado la forma en que el mundo funciona.

«Todas las personas con las que trabajo están detrás de mí… aproximadamente a diez kilómetros detrás de mí», le escuché comentar a alguien el otro día. Sonreí porque me identifiqué. No obstante, también reconozco que resulta difícil trabajar con los agentes de cambio. Si la gente está muy por detrás de mí, tal vez se deba a que no soy el mejor compañero con el cual caminar. En realidad, a veces pienso que debo ser el más molesto de los «colegas» en este planeta: un fastidio en más de una parte de la anatomía humana. A menudo me siento como un vándalo cultural; sé que soy problemático, sé que provoco el caos. En ocasiones incluso me avergüenzo cuando me escucho en las reuniones… solo puedo imaginarme cómo debe resultar para los otros.

Con todo, he aquí mi dilema: ¿Qué más puedo hacer? Si por el bien de una vida fácil guardo silencio ante todos, conservo mis pensamientos para mí mismo y solo repito de forma mecánica la línea partidista, ¿para qué soy bueno? Si fracaso en cumplir lo que debo realizar, les fallo a mis amigos. ¿Cuál es el punto de sentarse en silencio y luego meses o quizás años después, cuando las cosas no funcionen, anunciar con indiferencia que sabía desde el principio que nos estábamos metiendo en problemas? Como todo el mundo, tengo la responsabilidad de dar a conocer lo que soy y lo que veo. Tengo la obligación de hacer esto de manera respetuosa y sensible, pero de cualquier forma tengo la obligación de hacerlo. Lo contrario implicaría abdicar de mi rol en lugar de cumplirlo.

> Ser un agente de cambio no implica que estoy en lo correcto, solo que no puedo guardar silencio sobre la forma en que veo las cosas.

Fui criado bajo una doctrina popular: «Si no está roto, no lo compongas». Sin embargo, con los años he aprendido que este podría convertirse rápidamente en el dogma de la muerte, en nada más y nada menos que una manera velada de proteger el *status quo*, de dejar que «los perros dormidos mientan» con la vana esperanza de que nunca se despierten y te ataquen. Este es un credo que se siente contento, por no decir abrumado, de esperar a que el desastre sobrevenga antes que responder. El cambio se contempla solo una vez que se ha alcanzado el fracaso. Sé que a menos que procuremos una mentalidad más emprendedora y preactiva, dispuesta a atreverse a reinventar aquello que es valioso para nosotros antes de que se dañe, el estancamiento y una lenta desaparición serán nuestro inevitable destino.

Una vez dicho todo esto, es importante recordar que ser un agente de cambio no implica que estoy en lo correcto, solo que no puedo guardar silencio sobre la forma en que veo las cosas. En palabras de Winston Churchill, ese gran emprendedor: «No puedo cambiar de opinión y no quiero cambiar de tema». No obstante, para complicar aun más el asunto, en ocasiones las cosas en las que creo estar en lo correcto resultan equivocadas por completo. Esa es la razón por la que el desafío que enfrentamos aquí en Church.co.uk es edificar iglesias íntegras con una cultura de «podemos hacerlo». Solo así será posible tener éxito a la hora de crear congregaciones en las cuales la necesidad de emprendimiento sea comprendida y celebrada, y al mismo tiempo a los agentes de cambio se les exija rendir cuentas.

Jesús enunció todo esto de manera perfecta a través de su parábola de los talentos. El «tesoro» o el «capital» que representa el evangelio nunca se honra cuando está enterrado bajo tierra «a buen recaudo». Resulta impactante descubrir que ha sido confiado a nosotros para que lo pongamos en riesgo. El siervo emprendedor, más que el cauteloso, es el que termina premiado por sus esfuerzos. O para expresar todo esto de otra forma, en ocasiones el más sabio principio es: «Si no está roto, rómpelo».

Palabras finales: Los agentes de cambio del mañana

El brutal espectáculo de la lucha de los gladiadores constituía una popular industria del entretenimiento en la antigua Roma. Los gladiadores, de forma habitual esclavos o prisioneros políticos, eran forzados a luchar hasta la muerte, alentados por una multitud sedienta de sangre que se congregaba en el Coliseo. Sin embargo, en el año 403 d.C. todo estaba a punto de cambiar.

Telémaco era un agente de cambio. El joven monje oriundo de lo que en la actualidad es Turquía se sentía profundamente consternado por el barbarismo de los «juegos» y, lo que es más, por el hecho de que el emperador Honorio, que auspiciaba los combates, afirmara ser cristiano, al igual que decenas de miles de aquellos que con regularidad ocupaban los asientos en la audiencia. No obstante, como Telémaco era un agente de cambio, para él hablar de esta maldad no era suficiente. Él soñaba con un mundo diferente. Había llegado el momento de pararse y gritar: «¡Basta!»

El «pequeño monje», como lo recuerda la historia, viajó hasta Roma, llegando a la ciudad capital durante la celebración de la última victoria militar sobre los godos. La población estaba de ánimo festivo y se estaba preparando un circo romano para los gladiadores como parte de las celebraciones. Al día siguiente de haber llegado, Telémaco siguió a la multitud hasta el Coliseo, y luego de enfrentarse con el horror de presenciar la casi continua decapitación o desmem-

> «¡Deténganse, deténganse! ¡En el nombre de Cristo, deténganse!»
> —Telémaco

bración, decidió que había llegado el momento de actuar. Se levantó de su asiento y gritando repetidamente: «¡Deténganse, deténganse! ¡En el nombre de Cristo, deténganse!», se abrió camino entre la multitud hasta llegar a la arena central.

Al principio, la multitud creyó que el escuálido monje que corría de modo frenético por la arena, agachándose y zigzagueando entre los luchadores, representaba algún tipo de comedia. Aplaudieron y se rieron de sus payasadas. Sin embargo, cuando comenzaron a digerir el impacto de sus palabras, cambiaron enseguida su estado de ánimo, rechiflando, abucheando y gritando a todo pulmón. Comenzaron a apedrearle al punto que los gladiadores se unieron a la multitud, arremetiendo contra él con sus espadas y garrotes.

Cuando el frenesí terminó, el «pequeño monje» yacía muerto en medio de la arena. Poco a poco, la multitud hizo silencio. Entonces, primero como un goteo que luego creció hasta llegar a ser un arroyo para finalmente convertirse en un torrente, la multitud abandonó el Coliseo. Era como si el último grito del monje se repitiera en la enorme arena. Solo tres días después, el emperador Honorio promulgó un edicto prohibiendo toda futura lucha entre gladiadores.

Los eruditos todavía discuten si es que Honorio se inclinó ante la voz de un solo agente de cambio, señalando que tenemos evidencia firme de que ya existía un extendido y creciente descontento por la moralidad de los juegos que el emperador no podía ignorar más. Sin embargo, ese no es el punto. Ningún agente de cambio es un llanero solitario; ellos son simples catalizadores. Como escribiera John Pollock, el biógrafo de William Wilberforce, un agente de cambio de otra cultura y otro siglo: «Un hombre puede cambiar su tiempo, pero no puede hacerlo solo». Desde Telémaco hasta la Madre Teresa, desde Martín Lutero hasta Martin Luther King Jr., desde John Wesley hasta Florence Nightingale, desde Emiline Pankhurst hasta Mahatma Ghandi, desde Lord Shaftesbury hasta Nelson Mandela, la tarea de un agente de cambio es articular la visión de un futuro diferente, impulsar la opinión popular, vencer la resistencia de los intereses personales, edificar el consenso y ofrecer liderazgo a otros en el camino hacia la consecución de los objetivos.

Los agentes de cambio del siglo veintiuno no serán diferentes. Tal como Telémaco y Wilberforce, su tarea es actuar como «pararrayos» para la transformación que esperan ver en la iglesia, sus comunidades locales y toda la sociedad; trabajar para motivar y capacitar, inspirar y persuadir a sus contemporáneos a soñar en un mundo diferente; creer que «lo que todavía no es puede ser» y no descansar hasta que juntos, con cada uno jugando su rol, se logre que la visión se haya vuelto realidad.

Un solo copo de nieve es más bien una entidad insignificante: hermosa, única y romántica, pero sin una gran habilidad para impactar el mundo. Un solo copo de nieve que cae en una concurrida calle citadina desaparece en unos pocos minutos. Sin embargo, en ocasiones, cuando las condiciones son las propicias y un copo de nieve cae y dura lo suficiente como para que se le una un segundo, un tercero y un cuarto, la nieve comienza a permanecer. Y una vez que el suelo está cubierto por una capa de nieve fresca, mientras los copos sigan cayendo, la nieve a la larga silenciará a toda la ciudad. La nieve tiene el poder de parar el tráfico.

> «Un hombre puede cambiar su tiempo, pero no puede hacerlo solo».
> – John Pollock

El clásico de Charles Dickens, *Canción de Navidad,* siempre me ha parecido tanto inspirador como perturbador. El personaje central, Ebenezer Scrooge, es asediado por tres espíritus de la Navidad. Su primer encuentro con «el Fantasma de la Navidad Pasada» le provoca una gran tristeza al mirar atrás a los sucesos que lo convirtieron en el miserable aguafiestas que es. El segundo espíritu, «el Fantasma de la Navidad Presente», le causa un dolor aun mayor, ya que le muestra el gozo que los demás están sintiendo en Navidad y descubre algo de la manera en que sus contemporáneos lo perciben. Sin embargo, es el encuentro final el que le provoca mayor desesperación y por lo tanto el deseo de cambiar. «El Fantasma de la Navidad Futura» le muestra a Scrooge una visión de la próxima Navidad, en la cual gran parte de Londres está celebrando su reciente deceso. Ebenezer está aterrorizado por lo que ve y le pregunta al fantasma: «¿Son estas las sombras de las cosas que serán, o son solo las sombras de las cosas que podrían ser?» Al despertarse, resuelve vivir su vida de tal manera que pueda prevenir el terrible fin que vio para sí mismo, e invertir los años que le quedan en la comunidad a la que por décadas le había dado la espalda. Por primera vez en su vida él comprende que no solo su futuro, sino el futuro de todos está vinculado y es determinado por nuestra actividad presente. Enfrentado con la visión de las consecuencias de su propia inacción, Scrooge decide convertirse en un agente de cambio.

En un discurso dado en París en 1910, Teodoro Roosevelt dijo: «No es el crítico el que cuenta, no es aquel que muestra cómo el fuerte se tambaleó o dónde el emprendedor pudo haberlo hecho mejor. El crédito le pertenece al hombre que está en la arena, cuyo rostro esta pringado de polvo y sudor y sangre, que lucha valientemente, que yerra y se queda corto una y otra vez, que conoce los grandes entusiasmos, las grandes devociones, y entrega su vida por una causa justa, aquel que en la cúspide conoce el triunfo de los grandes logros y en el peor de los casos, si falla, por lo menos lo hace atreviéndose a mucho, para que su lugar nunca esté entre aquellas frías y tímidas almas que no conocen ni la victoria ni la derrota».

Ser un agente de cambio no es fácil. No siempre es divertido, no es algo a prueba de fracasos, frustraciones o temores, y ciertamente no está exento de soledad y malas interpretaciones. No obstante, si al leer estas palabras tu alma se conmueve, ¿podrías dar tu vida por algo menos?